www.united-pc.eu

Karl Vogl

Bergsommertraum

Parkins Sohn

Es war einmal, so fangen alle Märchen an. Und Märchen sind auch manchmal Geschichten, die das Leben selbst schreibt oder geschrieben hat. Und so erzähle ich euch die Geschichte von einem Mann mit dem Namen

Koni Parkins.

Droben am Berg in der „Fürstangerleitn", in einer unwegsamen Berggegend, lebten die Parkins schon seit vielen Generationen auf dem Fürstangerhof.

Man nannte ihn den Fürstangerhof, da es in der Region üblich war, dass die Anwesen einen sogenannten „Hausnamen" hatten. Und der Name Parkins war allemal ein höchst unüblicher Familienname in den Bergen.

Der ungewöhnliche Name stammte von Konis Vorfahren, die irgendwann im sechzehnten Jahrhundert aus dem Böhmischen als Schafhirten eingewandert waren. Krieg und Hunger hatten die Parkins in die schönen, aber rauen Berge verschlagen.

Nun lebte der Bergbauer Koni Parkins mit seinem alten Vater, der auch Konrad hieß wie die Hofbesitzer in den vielen Generationen vorher, allein auf dem Fürstangerhof. Die Mutter war früh verstorben. Als der jüngste der vier Brüder das Elternhaus verließ, hatte es die Mutter schwer getroffen. Sie wurde seelisch krank und litt unter Depressionen. Die Sorge um ihren Lieblingssohn, dass er draußen in der großen weiten Welt unter die Räder kommen könnte, war zu groß für ihr krankes Herz. Nach einem Herzinfarkt verließ sie die Familie viel zu früh im Alter von 52 Jahren. Der Kummer hatte ihr im wahrsten Sinne des Wortes das Herz gebrochen.

Wer kennt der Tage Last,
die du getragen hast?

Wenn es Nacht wird, wenn es kalt wird,
bist du heute ganz allein.

Du wirst einsam sein,
denn du bist ja noch so klein.-

Deine Mutter ist gegangen,
und die Sehnsucht blieb zurück.

So dunkel ist dein Blick,
kein bisschen Glück.

Du hörst heute noch das Lachen
der Mutter so schön,

Hättest niemals gedacht,
dass sie nun nicht mehr lacht.

Sie hat dich oft in den Armen gewiegt,
deine Wangen geküsst in der Nacht.

In der großen weiten Welt.
sind viele Menschen ganz allein,

Müssen dann so einsam sein,
und sie fühlen sich so klein.

Ihre Mütter sind gegangen,
und die Sehnsucht blieb zurück.
Fort ging das Glück.

Oh ihr Mütter,
Lasst die Kinder nicht allein.

Sonst werdet ihr auch einsam sein,
eines Tages ganz allein.

Wenn es Nacht wird,
wenn es kalt wird,

Euer Herz ist dann so leer,
Fröhlichkeit in eurem Herzen
gibt's nicht mehr.

Du hörst heute noch das Lachen
der Mutter so schön,

Hättest niemals gedacht,
dass sie nicht mehr lacht.

Die Zeit nach dem Zweiten Weltkrieg war schwer und mühsam, vor allem in den Bergen. Koni und sein zunehmend kränkelnder und alkoholsüchtiger, schwacher Vater bewirtschafteten nun in der xten Generation den Fürstangerhof. Ein Kriegsgefangener war als Knecht auf dem Hof geblieben, weil er da, wo er herkam, keine Angehörigen mehr hatte, und es ihm auf dem Fürstangerhof trotz der widrigen Umstände immer noch besser ging als in seiner Heimat. Keiner kannte seinen wirklichen Namen. Deswegen nannten sie ihn „Ivan", weil er irgendwoher aus Russland gekommen war. Er war ein ruhiger, fleißiger Geselle, der niemandem etwas zuleide tat. Mit Intelligenz war er nicht gerade gesegnet, das merkte man sofort, wenn man ihn etwas fragte.

Die drei Männer arbeiteten von früh bis spät, aber es blieb nicht viel übrig. Der Hof verfiel im Laufe der Zeit zu einem heruntergekommenen Anwesen. Nach dem frühen Tod der Mutter beschleunigte sich der Niedergang des Bergbauernhofes, weil sie es gewesen war, die den alten Bauern so manches Mal in die Schranken verwiesen hatte, wenn er mal wieder zu tief ins Bier- oder Mostglas geschaut hatte.

Zudem lastete auch noch die Erbschaft des jüngsten Sohnes auf dem Hof. Konis Bruder hieß Michael, aber er war besser bekannt unter seinem

Kosenamen „Burli", den die Mutter ihm schon gegeben hatte, als er noch in der Wiege lag, da er ihr Lieblingssohn war.

Koni war der zweitälteste der vier Brüder, wobei außer ihm nur noch einer, eben der Michael, am Leben war. Der älteste Sohn der Familie Parkins hieß Max. Bei einem Rettungseinsatz der Bergwacht, wo er seit der Volksschule schon in der Jugendgruppe als aktives Mitglied dabei war, kamen er und einer seiner Kameraden ums Leben. Sie wollten einen Touristen aus einem Wildfluss, der Drau, retten. Die Drau sauste in rauschenden Gesängen ins Tal hernieder und immer wieder riss sie Menschen und Tiere mit sich, die die Gefahr eines solchen Gebirgsflusses unterschätzten.

Der dritte Sohn war als kleiner Junge an einer seltenen Blutkrankheit   gestorben. Wahrscheinlich war er erblich von Seiten der Mutter vorbelastet. Sie erzählte nämlich oft von ihrer Großmutter, die auch an so einer ähnlichen Krankheit gestorben war.

Der jüngste war schon in seinen jungen Jahren aus dem elterlichen Hof ausgezogen, um die ferne Welt kennenzulernen und den zunehmenden häuslichen Problemen einfach aus dem Weg zu gehen.

Er konnte auch das Verhalten des Vaters, der in stetigem Alkoholkonsum die Mutter schikanierte, nicht länger ertragen. Obwohl er die Mutter sehr geliebt hatte, und sie ihn bewegen wollte, bei ihr zu bleiben, verließ er mit achtzehn Jahren seine Heimat für immer. Danach sah man die Frau nie mehr lachen. Als herzensgute Mutter und tiefgläubige Christin hatte sie die Schikanen ihres Mannes still und selbstlos ertragen und auch versucht, diese unter Alkoholeinfluss geschehenen Rohheiten des Vaters von den Söhnen fernzuhalten.

Als aber die Jungen älter wurden, konnte sie es nicht mehr verheimlichen und es entstanden im Hause Parkins zunehmende Spannungen innerhalb der Familie. Die gemeinsamen Stunden in der Wohnstube wurden immer weniger, weil sich die Buben immer mehr vom Vater abwandten, sich zurückzogen und eigene Wege gingen. Die heranwachsenden Jungen verspürten früh den Drang, das Elternhaus zu verlassen. Denn so etwas wie Liebe und Fürsorge hatten sie vom Vater nie erfahren. All das, was man für das spätere Leben brauchte, hatte ihnen die Mutter mitgegeben.

Auch Koni hatte sich mit dem Gedanken auseinandergesetzt, von zu Hause wegzugehen, jedoch war die Liebe und die Verbundenheit zu seiner Heimat zu groß, um diesen Schritt zu wagen.

So blieb also nur er, der Hoferbe mit seinem Vater auf dem Fürstangerhof. Hinunter ins Tal kam Koni nur selten und er führte oben am Berg, am abgelegenen Hof in der Fürstangerleiten, ein karges, einsames Leben, das ihn geprägt und abgestumpft hat.

In einer sternenklaren warmen Augustnacht schlief er nach einem arbeitsreichen Tag auf der Hausbank neben dem hölzernen Brunnentrog ein. Das Plätschern des Rinnsals aus dem Brunnenrohr ließ ihn in einen tiefen Schlaf versinken. Bei diesem Schlaf hatte er einen seltsamen Traum, einen

„Bergsommertraum"

Auf`m Berg drob`n wird`s langsam staad,
und da Mond straht sei Gluat übern See.
I sitz do, bin ganz alloa,
koa Mensch is in meiner Näh.

In seinem Traum streifte er durch den Wald und die Sonne ließ ihre Strahlen durch die Zweige blitzen. Plötzlich bemerkte er, dass er nicht mehr allein war. Zwischen den Baumstämmen vor ihm erschien auf einmal eine junge Frau. Leicht wie eine Feder bewegte sie sich auf dem Waldboden und dabei schaute sie sich immer wieder nach Koni um, so als wollte sie ihn anlocken. Koni lief ihr nach und rief nach ihr, doch er konnte sie nicht erreichen.

Als er aufwachte, war er ganz durcheinander und er überlegte, was dieser Traum wohl zu bedeuten hatte. Dieser Traum beschäftigte den Koni nun Tag und Nacht. Und er hatte von da an so ein unbestimmtes Gefühl in seinem Kopf – er spürte, dass sich in seinem Leben etwas verändern würde. Am darauffolgenden Sonntag ging er nach langer Zeit hinunter ins Tal. Im Ort fand zum ersten Mal nach dem Krieg ein Gautrachtenfest statt. Die ganze Bevölkerung aus dem Tal war zusammengekommen, um zu feiern. Nach der entbehrungsreichen Zeit des Krieges und den schwierigen Nachkriegsjahren waren die Menschen hungrig, sich wieder zu vergnügen und lustig zu sein.

Die Währungsreform war schon einige Zeit vorbei. In den Städten ging es mit der Wirtschaft schnell voran. Der Wiederaufbau wurde in Europa durch den Marshallplan sehr begünstigt. Auf dem Land und vor allem in den abgelegenen Bergen war vom Wirtschaftswunder jedoch noch wenig zu spüren. Die Bergbauern werkelten noch weit in die 50iger Jahre hinein mit den alten Vorkriegsmaschinen und es war mühselig, etwas zu erwirtschaften. Aber langsam ging es doch wieder aufwärts. Eine gewisse Aufbruchstimmung machte sich breit, und die Menschen fanden wieder Mut, Neues anzupacken, etwas zu unternehmen und voranzukommen. Eine andere, bessere Zeit sollte nun beginnen. Die Menschen im Tal hatten wieder Zuversicht, Hoffnung und Träume, ebenso wie Koni hatten viele ihre

"Bergsommerträume".

Aus der Einsamkeit herausgerissen, voller Übermut nahm auch Koni an diesem Fest teil. Er erkannte sich selbst nicht mehr, woher er auf einmal diese Fröhlichkeit und den Lebensmut hernahm. Der

"Bergsommertraum“,

den er beim Schlafen auf der harten, hölzernen Hausbank geträumt hatte, hatte ihn verändert. Er tanzte und schnalzte mit der Zunge, als wäre er die Glückseligkeit selbst. Innerlich spürte er auf einmal, dass das Leben noch etwas anderes für ihn bereit hält als das Dasein eines mühsam sich abrackernden jungen Bergbauern, der von seinem Vater, einem rechthaberischen, mürrischen Menschen, nur gegängelt und beschimpft wurde, und dem er gar nichts Rechtes tun konnte. Fürsorge, Verständnis, oder etwa ein Lob waren für den alten, ungebildeten Grantler Eigenschaften, die er selbst nie erfahren durfte und deshalb auch nicht an seine Nachkommen weitergeben konnte.

Diese Lebenssituation, die Umstände und Alltagssorgen auf dem Fürstangerhof vergaß der Koni inmitten der vielen feiernden Menschen auf einmal. Und er fand Gefallen an den hübschen Mädchen drunten im Tal, die ihm schöne Augen machten und sich an ihn heran machten. Er war ja auch ein strammer und attraktiver Bursche, groß und schlank gewachsen. In seinem schmalen, braun gebrannten Gesicht leuchteten zwei hellblaue Augen und über der Stirn bauschte sich ein Gewirr von dunklen Locken.

Aber er war bis zu seinem Bergsommertraum ein schüchterner, in manchen Lebenssituationen ein verhaltensgestörter, in der Umgangssprache als "komischer Kauz" betitelter junger Mann, der mit Mädchen nichts anfangen konnte. Durch diesen Traum war ihm sozusagen der "Knopf aufgesprungen". Die Mädchen vergnügten sich mit ihm, denn die eine oder die andere spürte, dass er noch ein unerfahrener Jüngling war. Auf einmal fühlte er sich wie der Gockel auf dem Misthaufen mit einer Schar Hühner um sich.

In seiner ausgelassenen Stimmung lernte er ein Mädchen mit kohlschwarzen Haaren kennen und verliebte sich in sie. Sie hatte so eine südländische Ausstrahlung mit ihren mandelförmigen braunen Augen, den schlanken, langen Beinen und allen sonstigen Kurven, die den Koni begeisterten, so dass er sie nicht mehr aus seinen Augen ließ. Sie hatte ihm den Kopf verdreht und seine Gedanken drehten sich im Kreis mit all dem, was dieses Mädchen so an sich hatte.

Der Vater des hübschen Mädchens, sein Name war Ladislao Joldescu, war auch bei diesem Fest dabei. Er konnte nicht genug auf seine Tochter aufpassen, weil er ja wusste, dass sie mit ihrem schönen Aussehen und der bemerkenswerten

Ausstrahlung ein Objekt der Begierde für die Männer im Tal war.

Joldescu war nach dem Weltkrieg aus Rumänien geflüchtet und nach langer Reise in diesem Tal gestrandet. Man erkannte ihn auch an seinem gebrochenen Deutsch, das er mit seiner Heimatsprache vermischte. Er gab Sätze von sich, die seine Gesprächspartner immer wieder zum Lachen brachten, weil man eine solche Grammatik im Tal einfach nicht kannte. Dieses Sprachwirrwarr nutzte er aber sehr geschickt, um sich in den Mittelpunkt zu stellen, die Menschen anzulügen und sie über den Tisch zu ziehen. Er hatte einen südländischen Gesichtsausdruck und unterschied sich deutlich von den herben Bergbauerngesichtern, denen das harte Leben und die raue Bergluft tiefe Furchen in ihre Gesichter gebrannt hatte.

Es war nicht verwunderlich, dass seine Tochter das schönste Mädchen im Tal war. Die Mutter des Mädchens war eine Deutsche, eine bildhübsche Frau mit böhmischem Blut. Ihre Vorfahren stammten aus der Grenzregion zwischen dem Bayerischen Wald und dem Böhmerwald. Joldescu hatte sie in den Kriegswirren an der tschechischen Grenze bei seiner Flucht aus Rumänien kennengelernt. Dort hatte er sich bei der Vertreibung der Sudetendeutschen unter einen Flüchtlingstreck gemischt und so war ihm in einem

Pferdefuhrwerk seine Flucht in den freien Westen gelungen.

Nun hatte sich also der Koni in dieses außergewöhnlich hübsche Mädchen verliebt. Yvanka, so der Name des Mädchens, war allein schon wegen dieses Namens eine Attraktivität, weil ja in diesem Tal solche Vornamen nicht üblich waren. Was die Yvanka an Koni fesselte, hatte er nie erfahren. Er hatte sie aber auch nie danach gefragt.

Sie hatten viel Spaß miteinander und lebten das Leben so richtig aus, wie das in dieser damaligen Zeit möglich war. Sie besuchte ihn droben am Hof immer öfter, und der „Hausl" (Hausdiener) ihres Vaters musste sie immer wieder heimholen zu ihrer Familie, weil Yvanka das Zeitgefühl beim Zusammensein mit Koni verlor, und sie sich nur schwer von ihm trennen konnte. Koni erlebte mit Yvanka eine wunderschöne Zeit des Verliebtseins. Sie schwebten gemeinsam auf einer rosaroten Wolke, von einem Glücksmoment in den nächsten, noch schöneren. Ein neues, faszinierendes, anderes Leben hatte für Koni begonnen. Das Leben als einsamer Bergbauer auf dem Fürstangerhof gehörte plötzlich der Vergangenheit an. Sie waren ein glückliches, verliebtes Paar. Der Koni verlor in dieser Zeit auch sehr an Gewicht, die Liebe machte ihn rank und schlank.

Die beiden erlebten zusammen einen Traum, ihren
"Bergsommertraum".

Dazu kam noch, dass Yvanka gut kochen konnte. Sie hatte es von ihrer Mutter gelernt, die es in vorzüglicher Weise verstand, die bayerische und die böhmische Küche mit der etwas anderen Esskultur aus dem Slawischen zu vermischen.

Es kamen somit vorzügliche Gerichte auf den Tisch im Hause Joldescu. Oft waren Gäste bei den Joldescus und Ivankas Vater war weit über das Tal hinaus bekannt als guter Gastgeber. Aber diese Freundlichkeit und Gönnerhaftigkeit zeigte er nur gegenüber seinen Gästen. Seiner Frau und seiner Familie gegenüber aber war er sehr geizig und er gönnte ihnen nur selten etwas.

Yvanka hatte noch einen älteren Bruder, mit dem der Koni nie so recht umgehen konnte. Er besaß einen überheblichen Charakter und schaute auf andere herab, deshalb konnte ihm Koni keinerlei Sympathie anbieten.

Nach außen hin spielte also der Vater von Yvanka den großzügigen, freundlichen, immer gut gekleideten und feinen Herrn mit gutem Charakter.

Es gab nur wenige, die ihn durchschauten, was für ein hinterlistiger, korrupter und durchtriebener Mensch er war. Die gute Küche sah man dem korpulenten Herrn Joldescu auch an. Gut und viel essen und wenig arbeiten – das war sein Lebensmotto. Eine echte Paprika - Mentalität sozusagen.

Die vielfältigen Beziehungen, sowie gute Kontakte und die perfekten Sprachkenntnisse in seinem Heimatland spülten dem Herrn Joldescu so manchen finanziellen dicken Fisch in seine Geldbörse. Er brachte reiche Geschäftsleute aus Deutschland und Österreich mit ebensolchen aus seinem Heimatland zusammen und kassierte für Übersetzungen und Vermittlungen jeglicher Art kräftig. Er war ein leidenschaftlicher Jäger und Kontakte, die etwas mit der Jagd zu tun hatten, waren seine Spezialität. Er arrangierte Jagdabschüsse für Trophäen wie Mufflon, Hirsch, Wildschwein und auch Bären aus den Karpaten. Dabei schreckte man auch vor Korruption, die bis in den kommunistischen Parteiapparat reichte, nicht zurück.

Wie der Koni erst viel später erfuhr, hatten auch Frauen eine Rolle gespielt bei solchen Vermittlungsdiensten. Dabei wurden von seinem Schwiegervater beide Seiten abgezockt. Die reichen Geschäftsmänner für die Vermittlung diverser Dienstleistungen, und von den Frauen beanspruchte er seinerseits besondere Dienste. Diese Dienste wurden immer hinter vorgehaltener Hand besprochen. Der Koni konnte das nur behaupten, weil er seinem Schwiegervater später einmal als Fahrer in dessen Heimat gedient hatte.

Dabei wurden auch dem Koni schöne, aufreizende rumänische Mädchen in einer sogenannten Rechtsanwaltskanzlei vorgeführt und er wurde anzüglich animiert, sich eine auszusuchen. Man hatte das eingefädelt, um somit Konis Mitwisserschaft etwas zu eliminieren. Der Koni lehnte ab, weil er auf diesem Gebiet noch etwas zu grün hinter den Ohren war und letztendlich dem Joldescu nicht so recht traute, manchmal auch ein wenig Angst vor ihm hatte. Koni war zu diesem Zeitpunkt erst einige Monate frisch verheiratet, er liebte seine Yvanka und wollte ihr auch treu sein.

Zu Hause, bei Yvanka, wenn wieder mal die Prominenz und die Jägerschaft zu Gast waren, hielt sich der Koni natürlich zurück und machte in keinster Weise Andeutungen über diese Geschichten in der konspirativen Anwaltskanzlei. Er erzählte es auch seiner Yvanka nicht. Es gab auch noch einen anderen Grund für seine Verschwiegenheit. Denn wenn er bei Joldescus zu Besuch war, ging es ihm nicht schlecht. Vor allem Yvankas Mutter schaute auf ihn und hatte immer einen vollen Teller für ihn übrig, von dem Essen nach rumänischer Art.

Doch der Koni konnte wegen der vielen Arbeit am Berghof nur selten zu Yvanka ins Tal kommen. Deshalb ging Yvanka immer öfter zu ihm hinauf in die Fürstangerleiten. Sie streiften manchmal Hand in Hand durch Wiesen und Wälder, hinauf zu der

Hochalm, die ihm später als Hoferben einmal gehören würde. Sie waren in dieser Zeit einfach ein glückliches, verliebtes Paar.

An den Sonntagen wanderten sie auch in die höher gelegenen Berge, die der Koni so liebte. Es war ja seine Heimat. Immer wieder kamen sie oben zu der Lichtung im Grafenwald, wo der kleine Bergsee lag. Sie ließen ihre Blicke über das Wasser schweifen, und dem Koni war die Liebe und die Verbundenheit zu seiner Heimat sichtlich anzumerken.

Alle Bilder seiner Heimat, die sanften, grünen Hügelwellen, der dunkle Bergwald und die darüber liegenden, blau erstarrten Bergspitzen liefen vor seinen Augen ab. Über allem lag das Gold der Abendsonne. Zwischen den hohen Felsen der Dreitausender verabschiedete sich
die Sonne mit einem gelegentlichen Aufblitzen ihrer Strahlkraft. Diese Abendstunden versetzten die beiden in eine liebevolle, melancholische Stimmung und wohlige Harmonie.

Senkt sich die Nacht auf die Berge,
senkt sich der Abend ins Tal.

Kommen wir alle zusammen,
treffen wir uns noch einmal.

Keiner der Freunde soll fehlen,
keinem geschehe ein Leid.

Sitzen wir in froher Runde,
danken dem Herrn für die Zeit.

Abendstunden in den Bergen,
alles kommt und geht vorbei.

Senkt sich die Nacht auf die Berge,
senkt sich der Abend ins Tal.

Leuchten am Himmel die Sterne,
sind sich die Herzen so nah.

Glocken, sie klingen von ferne,
aber die Heimat ist da.

Bei ihren Streifzügen in die höher gelegenen Bergregionen stießen sie immer wieder auf sogenannte "Marterl", die am Wegesrand aufgestellt waren. Als stumme Zeitzeugen säumten sie die unbefestigten Schotterwege. Sie hätten von so manchem

"Bergsommertraum"

erzählen können, aus dem die Menschen wegen eines Unglücks oder Schicksalsschlages erwacht sind. Ja, sie kündeten von zahlreichen Unglücken in den vergangenen Jahrzehnten und Jahrhunderten. Man stellte sie zur Erinnerung an die Menschen auf, die auf mysteriöse Weise an diesen Stellen, oder in der Nähe, ums Leben gekommen waren, damit ihre Seelen die verdiente

Ruhe fanden. Das Aufstellen der teilweise aufwändig von den ortsansässigen Schreinern und Drechslern angefertigten Holzmarterl hatte auch mit der tiefen Volksfrömmigkeit in dieser Gegend zu tun.

Auf Beschriftungen der Marterl stand unter anderem geschrieben:

Hier liegt in süßer Ruh,
erdrückt von einer Kuh,
Franz Xaver Altmann
So kurios man sterben kann.

Der bösen Welt, der bösen Zeit
bin ich gottlob davon geeilt.
Ich sterb in Jesus, es ist vollbracht
und wünsche der Welt eine gute Nacht.

Gesund ging ich zur Arbeit aus,
und wurd´ gebracht als Leich nach Haus.
Drum bet für mich und sei bereit,
zum Gange in die Ewigkeit.

In ihrer unbekümmerten Verliebtheit waren Koni und Yvanka voller Energie und Kraft und sie kamen auf ihren Wanderungen schnell voran. Nahe der Baumgrenze erreichten sie eines Tages die Kapelle, die einst Konis Großvater erbaut hatte. Als Zimmermann hatte er diese Kapelle natürlich wie ein Holzblockhaus errichtet. Sie galt als Dank an den Herrgott, weil seine Frau an dieser Stelle bei einem Lawinenabgang dem Tod entronnen war.

Man konnte an diesem Kirchlein sehen, wie ausgeprägt die Frömmigkeit des Menschenschlages in dieser Berggegend war. Die filigrane Ausführung im Inneren des Bauwerkes und die sichtbare Liebe zum Detail ließen die Kapelle im Zeichen der heiligen Maria erstrahlen. Die Kapelle zeigte aber auch, dass Konis Großvater ein Meister seines Handwerks war. Der kleine Altar war mit Schnitzereien verziert, wie man sie aus dem Grödnertal kannte. Auch diese feinen und aufwendigen Ornamente hatte sein Großvater geschnitzt.

Eine der vielen Eigenschaften, die Koni von seinem Großvater geerbt hatte, war das Schnitzen. Anfangs lebte er sein Talent noch im stillen Kämmerlein aus, weil es ihm noch an Selbstvertrauen fehlte. Auch sein Vater stand dem Talent, das seinem Sohn in die Wiege gelegt wurde, eher mit Verachtung entgegen. Er hatte für Dinge, die er abwertend betrachtete, einen besonderen Wortschatz und bezeichnete diese anfänglich noch nicht so guten Schnitzereien als „Gschmoaranzlad". Koni aber ließ sich von ihm nicht entmutigen und schnitzte an langen Winterabenden aus dem hier gewachsenen Zirbenholz viele weltliche und auch sakrale Figuren. Auch wenn er selbst es nicht so genau nahm mit der hier verbreiteten Frömmigkeit.

Yvanka und Koni setzen sich auf die Bank neben der Eingangstür der Kapelle. Eine schlichte, knorrige und harte Bank aus Baumstämmen mit vielen Astlöchern war der einzige Zeuge, wie sich die beiden drückten, küssten und liebten. Respekt vor der heiligen Maria hatte der Koni dabei nicht. Er sah nur Yvankas Gesicht, das vor Verliebtheit strahlte.

Schon als Kind hatte seine Oma den Koni mit hoch in diese Kapelle genommen. Er erinnerte sich auf einmal genau an seine geliebte Großmutter, von der er viel gelernt hatte. Sie wollte ihn auch zu einem tief gläubigen Menschen erziehen, was ihr allerdings nicht recht gelungen war. Plötzlich fiel ihm auch ein, wie er mit ihr, als er das Firmalter erlangt hatte, auf den Berg zur Marienkapelle gegangen war. Großmutter hatte zwei Rosenkränze dabei, einen für sich selbst, den sie immer in ihrer Tasche trug. Der zweite Rosenkranz lag in einer gedrechselten, uralten Holzdose mit einem geschnitzten Mandala im Deckel. Er war für Koni bestimmt. Einen Rosenkranz, den man in dieser filigranen Bauart nicht kaufen konnte. Es war nämlich ein Werk des Großvaters, den er in mühseliger Arbeit in den Winterabendstunden geschaffen hatte.
Die Oma hatte den Koni regelrecht beschwört mit ihrer tiefen Gläubigkeit und ihrer religiösen

Einstellung. Und auch nach vielen Jahren, als er in seinem Leben vom Schicksalsschlägen nicht verschont geblieben war, fielen ihm immer wieder die Worte der Großmutter ein, die sie ihm damals in der Marienkapelle hoch oben am Berg mit auf seinen Lebensweg gegeben hatte.

I hob an Rosenkranz von meiner Oma kriagt,
den hot´s ma damois gebn, wia i a Schuibua war.

Und der Rosenkranz, der duat mia sag´n,
vergiss des Beten net,
dann kimmst guat übers Jahr.

Wenn i in da Früah auf ´n Berg aufe steig,
schiab en in mein Hosensack nei.

Dann kommts ma so vor, ich spür sei Kraft
und die Engerl gehen schrittweis nebenbei.

I siag´ n no heit, in ihre Händ,
jeds Kugal hot´s tausendmal zählt.

Dann bet ma bescheid´n, die Oma und i,
fürs Glück und fürn Segn auf dera Welt.

I hob an Rosenkranz von meiner Oma kriagt,
den hot´s ma damois gebn, wia i a Schuibua war.

Glei kimmt`s ma so vor, es ward wia a Traum,
a "Bergsommertraum" und trotzdem is wahr.

I siag´n no heid in ihre Händ,
jeds Kugal hot´s tausendmal zählt.

Dann bed ma bescheidn, de Oma und i,
fürs Glück und fürn Segn auf dera Welt.

I hob an Rosenkranz von meiner Oma kriagt,
den hot´s ma damois gschenkt, wia i a Schuibua
war.

Und der Rosenkranz, der duat mia sag´n,
vergiss des Beten net,
dann kimmst guad übers Jahr.

Es wurde schnell dunkel in den Bergen. Die
letzten Sonnenstrahlen zwängten sich hinter den
Spitzen der Hochzeigergipfel vorbei und ließen das
Bergpanorama rot erglühen.
Koni und Yvanka sahen sich nur an, und leise
sangen sie zusammen ein Lied:

„Rot sind die Berge"

Weit über Berge und Täler
singen wir zwei unser Lied.

Wo ist der Sommer geblieben,
er ist wie eine Rose verblüht.

Weit über Wiesen und Wälder
gehen wir zwei Hand in Hand.

Das Glück unsre Herzen verbindet.
Die Nacht kommt, die Sonne verschwindet.

Rot sind die Berge,
ein Lied klingt dazu,

Mein Sommer im Leben
bist immer nur du.

Weit über Wiesen und Wälder
singen wir zwei unser Lied.

Wo ist der Sommer geblieben,
er ist wie eine Rose verblüht.

Verliebt schauen wir übers Land
und du reichst mir noch einmal die Hand.

Rot glühn die Berge,
so rot wie der Wein,

Gitarren, sie klingen
ins Herz uns hinein.

Rot sind die Berge,
und ein Lied klingt dazu.

Mein Sommer im Leben bist immer nur Du.

Mein Sommer im Leben bist immer nur Du.

Die Nacht brach schnell herein. Die Dämmerung ging zügig in das Dunkel der Nacht über. Sie mussten in einer nahe gelegenen Jagdhütte übernachten. An eine Umkehr zurück zum Hof war nicht zu denken. Der Koni wusste über die Naturgesetze in den Bergen bestens Bescheid. Und er wusste auch, dass ein Gewitter schnell zu einer lebensbedrohlichen Situation führen konnte. Deshalb suchten sie schnell eine Herberge auf, als Wolken aufzogen und es in der Ferne schon blitzte und donnerte.

Die Hütte war von der Jagdgemeinschaft in den Kriegsjahren errichtet worden, um der Wilderei Herr zu werden. Wirtschaftliche Not hatte die Männer in die Berge getrieben, um die Familien mit Gamsfleisch zu versorgen.

Die Herberge war gut ausgestattet und wurde von den Jägern regelmäßig mit Lebensmitteln beliefert. Auch Feuerholz war vorhanden.

Die beiden machten es sich gemütlich in der Hütte und erlebten eine tolle Liebesnacht bis in die frühen Morgenstunden. Sie sprachen in dieser Nacht auch von der gemeinsamen Zukunft. Koni schmiedete Pläne, was er auf und mit dem Fürstangerhof alles machen wollte, wenn er den Hof eines Tages erben würde. Seit Yvanka in sein Leben getreten war, spürte er eine große Tat- und Schaffenskraft. Zwischenzeitlich hatte er in einem Dorf im Tal eine Ausbildung zum Zimmerer begonnen. Anfangs war er nur als Arbeiter dort angestellt, weil das erwirtschaftete Geld vom

Ertrag des Fürstangerhofes hinten und vorne nicht mehr reichte. Auf Grund seines großen Talents, das er wahrscheinlich vom Großvater geerbt hatte, hatte ihn der Betriebsinhaber zu einer Ausbildung in der Berufsschule angemeldet. Auch Yvanka war von den Worten, die ihr der Koni ins Ohr legte, begeistert. Sie waren glücklich, euphorisch und zufrieden.

Durch all diese Gedankengänge wurden dabei auch die Grundpfeiler für die spätere Gründung einer Zimmerei auf dem Fürstangerhof gesetzt. Eine unendlich große gegenseitige Liebe verspürten die beiden zu diesem Zeitpunkt, und sie kamen sich vor wie in einem Traum, einem

"Bergsommertraum"

Sollte es nur ein Traum sein?

In dieser Nacht erzählte der Koni seiner Yvanka auch von einem Gipfelkreuz, hoch oben am steinernen Meer.
Dieses Gipfelkreuz, aus dem Felsen gemeißelt, hatte eine sagenumwobene Geschichte. Es stand schon seit vielen hundert Jahren hier an dieser Stelle auf dem Berg, schon damals, als sich die Parkins in dieser Bergregion angesiedelt hatten. Eine in Stein gemeißelte Jahreszahl bewies das. Seltsame und mysteriöse Geschichten erzählte man sich im Tal von diesem Kreuz. Sie wurden

über Generationen hinweg überliefert. Eine dieser Geschichten erzählte von einem Mord an dieser Stelle. Dabei hatte ein der Trunksucht verfallener Bergbauer seine Frau auf den Berg gelockt, mit der Absicht, sie von hoch oben am Gipfelkreuz in die steil abfallenden Felshänge zu stoßen.

Eine umfassende Beschreibung dieser Tat stand im Gipfelbuch. Das Buch war sehr vergriffen, weil eben viele, die beim Bergsteigen an dieses Gipfelkreuz kamen, diese Geschichte im Laufe der vielen Jahre gelesen hatten. Noch heute glaubten die Menschen im Tal, dass die Seele der in die Tiefe gestürzten Frau keine Ruhe gefunden hat, und dass man das Flehen der Frau vor ihrem Absturz in die Bergschlucht in so manchen Vollmondnächten noch hören konnte.

Der Koni war früher oft allein hinaufgegangen zum Kreuz, wenn er in seinen jungen Jahren Sorgen hatte und mit sich selbst nicht recht im Reinen war. Er trug seine Bitten und Sorgen hoch hinauf an die höchste Stelle am Berg. Gläubig war der Koni nie so recht, aber trotzdem kamen ihm Worte und Gedanken über die Lippen, die seiner sensiblen Seele gerecht wurden.

Ein kleines Kreuz auf steiler Berges Höh,

ringsum der Wald, im Tal der blaue See.

Da steh ich oft und schau zum Himmel auf,

und denk zurück an meinen Lebenslauf.

Da steh ich oft und schau zum Himmel auf,

und denk zurück an meinen Lebenslauf.

Du kleines Kreuz, was hast du schon gesehn,

So manches Leid und manches bittere Bild

Drum steh ich oft und schau zum Himmel auf,

und denk zurück an meinen Lebenslauf.

Nach dieser überglücklichen Nacht brachen die zwei zeitig beim Morgengrauen auf. Für Koni war es wichtig, dass er zusammen mit Yvanka noch den Sonnenaufgang genießen durfte. Alleine hatte er ihn schon des Öfteren erlebt, wenn er in den Bergen unterwegs war. Aber dieses besondere Erlebnis wollte er nach der schönen Liebesnacht auch mit Yvanka teilen. Der Sonnenaufgang war in den Bergen ein besonderes Naturschauspiel, so schwärmte er Yvanka vor.

Sie gingen an einen bestimmten Platz, wo sich ein freier Blick gen Osten ergab und die ersten Sonnenstrahlen sich hinter den Berggipfeln hervor stahlen. Sie sahen, wie der Tag versuchte, das Schwarz der Nacht zu verdrängen. Zuerst wurde es nur heller, dann langsam auch zartorange. Aus dem zarten wurde ein immer kräftigeres Orange.

Doch trotz des feurigen Schauspiels am Horizont fror es Yvanka, bis die ersten Sonnenstrahlen so richtig hervor blinzelten. Innerhalb weniger Minuten war der ganze Feuerball über dem Horizont zu sehen und es wurde schnell wärmer. Das Frösteln verging ihr schnell und sie war wieder getragen von der schönen Liebesnacht und dem morgendlichen Erlebnis des Sonnenaufganges. Der Koni kannte dieses Schauspiel schon, aber für ihn war es trotzdem schön, weil sie es zusammen erleben durften.

Der erste Sonnenstrahl an jedem Morgen,
der taucht das Gipfelkreuz in goldenes Licht.

Der erste Sonnenstrahl an jedem Morgen,
zeigt, wie der Himmel zu uns spricht.

Wer in den Bergen lebt, der spürt,
wie Gott ihn trägt.

Wie er die Menschen eint,
und wie die Sonne jeden Tag bescheint.

Mit einem Gebet beginnt
den Tag schon jedes Kind,
und mit einem Blick zum Berg hinauf
fängt an sein Tageslauf.

Der erste Sonnenstrahl will uns nur sagen,
der Tag fängt im Zeichen Gottes an.

Und abends hört er auf, in seinem Namen,
so wie er still am Morgen hier begann.

Beim Abendrot, der Tag klingt damit aus,
im Tal und hoch am Berg, und in jedem Haus.

Man denkt für sich allein
an Gott und ist daheim.

Man bittet den Herrgott, dass er bei Nacht
alles hier bewacht.

Koni und Yvanka kamen erst am späten Vormittag zum Hof zurück. Der Vater wartete schon mit grimmigem Gesicht auf die beiden. Er war ja immer noch der Herr im Hause Parkins und hatte absolut kein Verständnis für die zwei "rumturtelnden" Verliebten. Für einen mürrischen, vom kargen Leben in den Bergen ausgezehrten alten Bergbauern war halt die Arbeit auf dem Hof das Wichtigste im Leben.

Die Folgen des unendlichen Verliebtseins ließen nicht lange auf sich warten. Irgendwann an einem grauen Januartag regte sich neues Leben im Bauch von Yvanka. Sie war im dritten Monat schwanger. Mit überschwänglicher Freude rannte sie frühmorgens zu Koni von der Stube aus schnell zu ihm in den Stall, um ihm die frohe Botschaft und das freudige Kribbeln in ihrem Bauch zu erklären.

Koni war überglücklich über diese Nachricht.
Ihm fiel sofort sein Traum wieder ein, sein
"Bergsommertraum".
Nun würde endlich wieder neues Leben in den
Fürstangerhof einkehren.

Doch von da an veränderte sich das Leben der
beiden jungen Menschen sehr. Der fröhlich
lockeren Zeit folgte nun die schwierige, harte Zeit
für die werdende Mutter Yvanka und den Koni.
Es musste so schnell wie möglich eine Hochzeit
für die beiden jungen unerfahrenen Eltern
organisiert werden. Man wollte der Schande, dass
ein uneheliches Kind auf die Welt kommt,
zuvorkommen. Die Mutter von Yvanka arbeitete
mit völliger Hingabe daran, dass die Hochzeit noch
vor der Geburt des Kindes stattfand.
Konis Vater stimmte der Heirat nur mit
Widerwillen zu. Weil er ja auch die Eltern, vor
allem den Vater von Yvanka nicht so gern mochte.
Er hielt den Herrn Joldescu für einen
aufgetackelten, arroganten Südländer, sowohl im
Aussehen als auch in seinem Wesen und seiner
Mentalität. Die beiden passten einfach nicht
zusammen. Zwischen einem südländischen Typen,
der die Arbeit nicht erfunden hatte und einem
primitiven Bergbauen war ein Unterschied wie Tag
und Nacht. Er wollte für seinen Koni eine Frau, die
etwas Geld für die Sanierung des Fürstangerhofes
mitbrachte, und nicht eine, deren Vater im Krieg
ein Partisan war und seine Heimat wegen

Fahnenflucht verlassen musste. Mit Tränen in den Augen unterschrieb er aber dann doch noch die Volljährigkeitserklärung vom Gemeindeamt, die der Koni brauchte, weil er ja erst zwanzig Jahre alt war.

Im Frühjahr heirateten also die beiden blutjungen Menschen. Yvanka war zu diesem Zeitpunkt im fünften Monat schwanger. Yvankas Mutter organisierte schnell eine schlichte und einfache Hochzeit. Die kirchliche Trauung sollte in der Berg-Marienkapelle stattfinden, die Konis Großvater gebaut hatte. Yvankas Vater, der Ladislao, bestellte eine Pferdekutsche von seinem Jagdfreund, dem Wirt des Brauerei-Gasthofes.
Der war einer der reichsten und wohlhabendsten unter den Geschäftsleuten im Tal. Diese Geste beruhte natürlich auf Gegenseitigkeit. Eine Reise nach Rumänien war für den Herbst, der kommenden Jagdsaison, schon mit besonderen Wünschen und Dienstleistungen geplant. Ob es sich dabei um einen Abschuss eines Mufflons, oder um das Flachlegen eines sonstigen jungen Individuums handelte, würde die Hochzeitsgesellschaft nicht erfahren. Jedenfalls musste der Gasthofbesitzer seine zwei Schimmel einspannen, die von seiner Frau liebevoll geschmückt wurden. Auch die Kutsche hatte man mit Girlanden, Kränzen, Birkenzweigen und Immergrün verziert.

Yvanka wurde in einer feierlichen Zeremonie in Begleitung einer Musikgruppe von zu Hause abgeholt. Langsam rumpelte die prächtig geschmückte Kutsche entlang der Hauptstraße durch das Tal, verschwand hinter einer Wegbiegung und bewegte sich dann bergwärts, wo nach längerer ansteigender Wegstrecke dann schon von weitem an einem Bergrücken der Fürstangerhof zu sehen war. Kurze Zeit später traf das schön anzusehende Gefährt in der Hofeinfahrt ein. Dort wartete schon der Koni mit nervösen Gesichtszügen auf seine Braut. Ein wenig blass schaute er aus in seinem grünen Trachtenanzug mit Gamsbart am Hut. Aber in den Bergen war es halt so üblich, dass man sich an so einem Tag etwas traditionell kleidete. Auch das Kleid von Yvanka hatte dezente Formen und Farben. Allzu viel Tracht wollte sie nicht, hatte es aber in ihrem Geschmack und ihrer Auswahl gut verstanden, eine Harmonie mit Konis Kleidung herzustellen. Auf jeden Fall sah sie traumhaft aus.
Wie in Konis

"Bergsommertraum".

Zusammen mit den Vätern des Brautpaares brach die Kutsche nun auf der immer steiler werdenden Bergschotterstraße in Richtung Marienkapelle auf. Der Kutscher musste dabei all sein Können einsetzen, um die Pferde auf der steilen, holprigen Bergstraße um die engen Kurven zu führen.

Auf halber Wegstrecke kam es zu einem dramatischen Zwischenfall. An einer Engstelle, die durch eine kleine Schlucht führte, fielen von oben herab kleine Steine. Vielleicht waren es Bergtiere gewesen, die sich in ihrer Ruhe gestört gefühlt und deshalb die Flucht ergriffen hatten. Die Pferde scheuchten plötzlich auf und machten einen kräftigen Satz zur Seite. Nur durch das erfahrene Handeln des Kutschers konnte verhindert werden, dass die Pferde nicht durchgingen. Wenn auch Gott sei Dank dem Brautpaar nichts passiert war, so geschah aber trotzdem etwas Außergewöhnliches, und man hätte es als schlechtes Omen deuten können. Der Brautstrauß, eine wunderschöne Kreation aus Alpenrosen, der an der geschmückten Kutsche festgebunden war, hatte sich durch den Satz der Pferde gelöst und war über die Straße hinweg tief hinunter in die Schlucht gefallen. Yvanka war den Tränen nahe, als sie den Strauß in die Tiefe fliegen sah. Ihr war ohnehin sturzübel und sie hatte es schon längst bereut, dass sie der Idee ihres Vaters mit der Kutschenfahrt zugestimmt hatte.

Nur wenige machten sich auf den beschwerlichen Weg zur Marienkapelle. Ein abgezählter, enger Familienkreis von Yvanka und Koni nahm an der Hochzeitsfeier teil. Für die Mutter von Yvanka war die Ausrichtung der kirchlichen Trauung in der am Berg abgelegenen Marienkapelle jedoch ein voller Erfolg. Es kamen nur ein paar Neugierige, außerhalb der Verwandtschaft, um das außergewöhnliche Brautpaar zu begutachten. Unzählige böse Blicke wären in der großen Sankt Martinskirche im Tal in das kleine Bäuchlein von Yvanka eingedrungen und so manche boshaften Worte hätten die Hochzeitsstimmung eventuell getrübt. Frömmigkeit kann auch böse und nachtragend sein.

Der Priester, der die kirchliche Hochzeitsfeier zelebrierte, kannte den Koni gut und er wusste auch, dass er von klein auf ein richtiger „Strizi" war. Deswegen wischte er ihm eins aus und verlangte von ihm eine Beichte. Ohne diese Beichte hätte der Pfarrer die beiden nicht getraut.

Er war sehr streng und erzkonservativ zu seiner Kirchengemeinde, obwohl man wusste, dass er es selbst nicht so genau nahm mit dem Zölibat. Man tuschelte sogar, dass eins von den sechs Kindern auf einem Bauernhof von ihm war. Nach außen spielte er den Seelsorger, der sich in allen Belangen um die Familie kümmerte, weil der Vater dieser Familie ganz früh wegen eines Unglücks verstorben war. Für die Mutter und die sechs kleinen Kinder war der Pfarrer natürlich ein Segen von Gottes Hand. Doch wenn er immer wieder einmal zur Segnung ins Haus kam, konnte es passieren, dass die Mutter und er manchmal vor der Schlafzimmertür ausrutschten und sie es wegen der "Verletzungen" gerade noch ins Schlafzimmer schafften.

Der Koni löste das Problem mit dem Beichtzettel auf seine Art und Weise. Er fuhr schon mehrere

Tage vor der Trauung mit seinem Veloziped, das er vom Großvater geerbt hatte, zu einem Nachbarort in eine andere Pfarrei. Dort kannte er aus dem Religionsunterricht in der Volksschul-Abschlussklasse einen Kaplan. Dieser Kaplan ging schon etwas lockerer mit den katholischen Anschauungen um. Koni erzählte im Beichtstuhl von seinem Vorhaben, dass er heiraten wolle und dazu die Beichte ablegen müsse. Ohne groß zu hinterfragen, schob ihm der Kaplan den Beichtzettel durch den Fensterschlitz, wo sonst die alten Weiber das Geld durchschieben, um sich im Hinterkopf den Himmel zu erkaufen. Er überbrachte den Beichtzettel dem scheinheiligen, konservativen Pfarrer, und alles war gut.

Man einigte sich, dass die Hochzeitsfeier im nahe gelegenen Berggasthof Hirzinger abgehalten wird. Der Hirzingerwirt war damals der Zeit schon etwas voraus und hatte seinen Gasthof gleich nach dem Krieg für den schnell zunehmenden Tourismus ausgebaut. Er lag idyllisch an einem Südhang mit guter Fernsicht.

Es wurde von der Schwiegermutter ein Zitherspieler aus der Verwandtschaft organisiert, der die Gäste unterhalten und zum Tanz aufspielen sollte. Erst nachdem er einige Bierchen gezwitschert hatte, gelang es dem Musiker, die Gäste in Schwung und in Stimmung zu bringen. Aber dafür bekam er außer einem guten Essen ansonsten nicht viel Lohn für seine Tätigkeit.

Yvanka machte bei der Hochzeitsfeier eher einen abwesenden Eindruck, als wären ihre Gedanken weit weg, und nicht auf der Hochzeitsfeier und auch nicht auf dem Fürstangerhof. Der Schock über den Zwischenfall bei der Kutschfahrt saß ihr noch in den Knochen und sie dachte mit Sorge an das Baby in ihrem Bauch.

Yvanka brachte Ende Juli ein gesundes, hübsches Mädchen zur Welt. Man gab ihm den Namen Timea, denn es sollte nach dem Willen der Mutter Yvankas ein rumänischer Name sein. Der Koni war gegen diese Namensgebung. Letztendlich war es ihm aber egal und so setzten Yvanka und ihre Mutter ihren Willen durch. Wenn es ein Junge gewesen wäre, hätte er wahrscheinlich nicht so klein beigegeben und sich besser behauptet.

Er war ja immer noch sehr verliebt in seine Yvanka. Bei dieser Schönheit des Mädchens war es ja nicht verwunderlich. Mit seinen männlichen Trieben hatte er zu kämpfen, doch das war für einen jungen Mann nichts Ungewöhnliches.

Nach seiner Ansicht war es nicht er, der es ermöglicht hatte, dass in den einsamen, abgelegenen Berghof wieder neues Leben einkehrte. Die Schöpfung Gottes hatte es so gewollt.

Nun vergingen ein paar Jahre. Der alte Parkins war an einer Lungenentzündung gestorben. Viele

Zigaretten und regelmäßige braune, obergärige „Suppe" hatten ihm das Leben abgerungen. Neunundsechzig Jahre war er alt geworden, der alte Grantler.

Nun hatte der Koni als alleiniger Erbe das Sagen auf dem Fürstangerhof.

Nach vielen Jahren kehrte der noch lebende Bruder Michael aus dem Ausland zurück. Er arbeitete als Koch und Kellner auf einem Hochseedampfer und war überall auf der Welt zu Hause.

Nicht einmal zur Hochzeit seines Bruders und beim Tod des Vaters war er gekommen. Als der Vater verstorben war, war er gerade irgendwo auf hoher See zwischen Madagaskar und Australien.

Er erzählte dem Koni vom Heimweh in den Anfangsjahren, nachdem er die Heimat verlassen hatte. Von den schlaflosen Nächten und den Gewissenskonflikten draußen am offenen Meer, weil er die Mutter mit seinem gewalttätigen Vater zurückgelassen hatte.

Und als die beiden dann zur späten Stunde noch allein bei ein paar Gläschen Rotwein zusammen saßen, stellte sich eine gewisse Redseligkeit bei Michael ein. Es kam dabei heraus, dass es damals neben den Problemen im Elternhaus und den unschönen Geschichten mit dem Vater noch einen anderen Grund für sein Verlassen der Heimat und des Elternhauses gegeben hatte. Er hatte nämlich als junger Mann eine heimliche Liebe, oder besser gesagt ein Verhältnis mit einer etwas älteren Frau.

Ihr Mann war als Kriegsversehrter aus dem Krieg mit einer Verletzung zurückgekommen, mit der er seinen ehelichen Pflichten nicht mehr nachkommen konnte.

Diese heimliche Beziehung hatte Michael seelisch sehr belastet. Für eine Heirat war er zu jung, und trotzdem war er der Frau sexuell hörig. Reden konnte er damals über diese etwas anrüchige Beziehung mit niemandem. Er hatte somit das Problem dieser Beziehung mit seinem Fortgehen und dem Anheuern auf einem Hochseedampfer gelöst.

Ein Wind weht von Süd,
und zieht mich hinaus auf See.

Mein Kind sei nicht traurig,
tut auch der Abschied weh.

Dein Herz geht an Bord,
und fort muss die Reise gehn.

Dein Schmerz wird vergehn,
und nur einer weiß, ob wir uns wieder sehn.

Mich trägt die Sehnsucht fort,
aus den Bergen.

Unter mir das Meer ,
und über mir Nacht und Sterne.

Vor mir die große, weite Welt,
So treibt mich der Wind des Lebens.

Wein nicht mein Kind,
die Tränen, die sind vergebens.

Nur Erinnerung an Stunden der Liebe
bleibt noch zurück.

Nur einer weiß,
ob wir uns einmal wieder sehn.

Dass Michael jetzt mit Koni darüber sprechen konnte, war für ihn eine große Erleichterung. Und er erzählte ihm auch von den Träumen auf hoher See, von den

Bergsommerträumen,

in denen er in seiner Heimat auf dem Fürstangerhof lebte, umgeben von hohen Bergen, grünen Wiesen mit duftendem Sommerheu. Von der traumhaften Bergkulisse, die sich morgens, wenn er am Fürstangerhof aus dem Fenster schaute, vor ihm aufbäumte. Von den unbekümmerten Kinderjahren auf der Hochalm, wo er gemeinsam mit seinen Brüdern die Schulferien verbracht hatte. Von der heilen Welt also, im abgelegenen Fürstangerhof.

Allzu früh ging ich fort,
ich suchte das Glück.

Zog so von Ort zu Ort,
bald gab es kein Zurück.

Nur im Traum, einem Bergsommertraum
bin ich zu Haus.

Viele Jahre sind nun vergangen,
und alles ist immer noch wie damals auch.

Heimat im Herzen, die niemals vergeht.
Träume und Sehnsucht, die niemand versteht.

Heimat im Herzen, ganz tief in mir drin.
Sie wird niemals vergehn, egal wo ich bin.

Sie redeten in dieser Nacht bis in die Morgenstunden. Yvanka kam des Öfteren von oben aus dem Schlafzimmer, schaute und fragte nach, was die beiden so lange in dieser Nacht umtrieb. Der Koni erzählte seinem Bruder von seinen Zukunftsplänen, was er aus dem Fürstangerhof machen wollte.

Er hatte nämlich vor, einen Betrieb, eine Zimmerei für den Blockholz-Hausbau zu gründen. Das Gewerbe für einen Zimmereibetrieb hatte er schon angemeldet. Es tat dem Koni auch gut, dass er einmal über seine Pläne, Träume und Zukunftsvisionen frei und euphorisch sprechen konnte. Bei Yvanka war er damit immer auf taube Ohren gestoßen. Sie hatte ihm nicht recht zugehört.

Schade, dass die Mutter nicht mehr lebte, sie wäre jetzt, wenn sie das Gespräch mitgehört hätte, stolz auf ihre Buben gewesen.

Dem Michael gefielen diese Pläne und Visionen und er offenbarte zur Freude von Koni, dass er auf seinen Erbteil verzichtete. Im Gegenteil, er war begeistert von dem, was Koni vorhatte und begrüßte es, dass aus seinem Elternhaus, dem Fürstangerhof, nochmal was Gescheites würde, nachdem zu Lebzeiten des Vaters der Hof stark heruntergekommen war. Er versprach dem Koni, ihm für sein Vorhaben ein zinsloses Darlehen zu gewähren, damit er nicht zu stark in die Abhängigkeit der Banken geraten würde. Er gestand seinem Bruder gleichzeitig ein, dass er auf seiner jahrelangen Fahrt auf dem Hochseedampfer viel Geld auf die Seite legen konnte, da er neben dem hohen Sold auch noch reiche industrielle Gäste, die an Bord waren, beim Glücksspiel abgezockt hatte.

Michael blieb nur noch ein paar Wochen, dann packte ihn das Fernweh wieder an. Nachdem sie sich über die Rückzahlung einigen konnten und einen Privat-Darlehensvertrag verfasst hatten, reiste er wieder ab.

Zwei Herzen schlugen in seiner Brust: Eins für seine Heimat und die Berge, das andere für die Ferne und die große weite Welt. Wahrscheinlich hatte er aber auch auf Hawaii oder in einem Dorf in der Südsee eine kaffeebraune Schönheit, die auf ihn wartete. Der Koni hatte dafür Verständnis und ließ ihn gewähren.

Viele Jahre sind nun vergangen,
dass ich mein Elternhaus verließ.
Nur die Träume sind mir geblieben,
von meinem wahren Paradies.

Bin ich auch in der Fremde,
ist mir die Heimat so nah.
Die Berge, die Täler,
die ich als Kind so gerne sah.

Herr lass mich eines Tages
am hohen Felsen dort stehen,
meine geliebte Heimat
einmal wieder sehen.

All die Lieder hör ich noch heute,
die oft mir meine Mutter sang,
und Geschichten, die sie erzählte,
sie bleiben mir ein Leben lang.

Die jungen Eheleute Parkins lebten nun allein auf dem Fürstangerhof. Yvanka arbeitete im Tal in einem Trachtengeschäft mit einer Sportabteilung für Wintersportausrüstung, da in der Region der Skitourismus stark aufstrebend war. Es wurden Skilifte gebaut und viele Gästehäuser errichtet.

Neben seiner beruflichen Tätigkeit als Zimmerer bereitete Koni seine Betriebsgründung vor und er arbeitete regelrecht Tag und Nacht an seinem Lebenswerk. Er mietete vorerst im Tal eine leere Baracke an, die im Krieg teilweise zerstört worden war, richtete sie notdürftig her, so dass er mit seinen vorhandenen Maschinen einziehen konnte und er in der Lage war, auch schon Aufträge abzuarbeiten.

Durch die vielen Arbeitsstunden, die der Koni in dieser Zeit leistete, und das große Desinteresse von Yvanka an seinen Zukunftsplänen, schlichen sich die ersten Spannungen in die Partnerschaft der beiden ein. Aus dem einst liebevollen Umgang mit leisen Tönen war ein schroffes, gegenseitiges Geplänkel und Tadeln der Fehler, die der eine dem anderen vorhielt, geworden.

Diese Beschimpfungen dem Koni gegenüber wurden von Yvanka schon etwas lauter vorgetragen als die Worte der Zärtlichkeit in der Verliebtheitsphase, die der Koni noch gut in Erinnerung hatte.   Sie lebten in einem angespannten Verhältnis so nebeneinander her und konnten auch schlecht damit umgehen. Die kleine Timea verbrachte die meiste Zeit bei der Oma im Tal. Die Oma versorgte die Kleine mit all ihrer Kraft und Timea ging es gut bei ihr.

Und wie es halt so ist in einer jungen Ehe, kam trotz dem Ende der Verliebtheit ein weiteres Kind zur Welt. Der Herrgott wollte es so, dass wieder ein Mädchen, drei Jahre nach der Geburt von Timea, das Licht der Welt erblickte. Ursache für die Geburt eines weiteren Mädchens waren wahrscheinlich die männlichen Triebe, die manchmal sehr heftig über Koni hereinbrachen. Und unter der Bettdecke wurden viele Spannungen abgebaut und Unstimmigkeiten wieder vergessen.

Koni und Yvanka entschieden sich gemeinsam für den Namen Ylenia. Es sollte ein Name mit dem Anfangsbuchstaben "Y" sein, so wie beim Namen der Mutter.

Auf seiner Arbeitsstelle, wo Koni weiterhin als Zimmerer arbeitete, musste er sich schon einige Spötteleien gefallen lassen, da er ja wieder nicht dazu beigetragen hatte, dass ein "Büblein" auf dem Fürstangerhof zur Welt kam. Alles deutete schon damals darauf hin, dass aus dem Fürstangerhof einmal der "Dirndlhof" werden könnte. Wenn sich Koni auch nichts anmerken ließ, innerlich wurmte es ihn schon ein bisschen.

Nun gingen wieder einige Jahre so recht und schlecht dahin.

Für die Oma wurde die Aufgabe der Kindererziehung noch größer, denn Yvanka wollte ihre Arbeitsstelle im Tal nicht aufgeben. Sie hatte das Argument, dass sie unbedingt arbeiten müsse, weil das Geld sonst hinten und vorne nicht reichte.

Nach der Ansicht von Koni aber war die Wahrheit eine andere. Sie hatte nämlich den Drang, sich schick und modern zu kleiden, teure Kosmetik zu benutzen, mit der Mode zu gehen und sich Dinge zu kaufen, die sie sich sonst nicht mehr hätte leisten können. Was sich Koni jedoch eingestehen musste, war die Tatsache, dass sie immer noch die schönste junge Frau im ganzen Tal war, und die Blicke der Männer auf sich zog.

Aber der Koni spürte schon, dass die Sache mit den Kindern aus dem Ruder lief. Denn auch die Betreuung von Ylenia wurde von der Oma übernommen. Die zwei Mädchen verbrachten ihre Zeit bald völlig bei der Oma. Und er litt schon ein wenig darunter, denn obwohl sie schon zwei Kinder hatten, war die neue, junge Generation Parkins nie so richtig eine Familie. So hatte er sich das nicht vorgestellt. Die Ehe der beiden geriet immer mehr aus den Fugen. Sie nahmen nicht wahr , dass es in ihrer Beziehung keine schönen Stunden mehr gab, sondern nur mehr gegenseitige Schuldzuweisungen. Die Tatsache, dass sich die beiden auseinander lebten , wurde immer mehr zur Realität. Sie fanden keinen Draht mehr zueinander.

Für Koni stellte es ein großes Problem dar, wenn die Schwiegermutter immer öfter hoch kam zum Fürstangerhof und die Kinder mit ins Tal nahm. Koni war sogar einmal zu Weihnachten, am heiligen Abend allein auf dem Fürstangerhof, weil die Mädchen mit Yvanka bei der Oma feierten und er sich zwischenzeitlich mit seinem Schwiegervater zerstritten hatte.

Koni durfte sich aber nicht beschweren und darüber ein Drama machen, denn den Kindern ging es ja gut bei der Oma. Sie wurden von ihr liebevoll umsorgt, sie setzte sich ein für die Mädchen nach besten Kräften und gab ihnen alles, was sie brauchten. Sogar auf eine Urlaubsreise nach Italien nahm sie die zwei mit. Sie war wirklich eine gute Oma.

Für Yvanka bedeutete dieser Umstand ein Stück Freiheit, dass die Erziehung und Behütung der Mädchen weitestgehend von der Oma übernommen wurde. Für Koni bedeutete es aber ein immer größer werdendes Problem, weil er ja spürte, dass die Familie, die nach seiner Wahrnehmung nie eine war, sich noch weiter voneinander entfernte. Die Spannungen und Konflikte zwischen Koni und Yvanka wurden immer größer. Immer häufiger stritten sie miteinander.

Von Stunden, in denen sie gemeinsam was unternommen, oder die sie einfach in Harmonie verbracht hatten, konnten sie nur träumen. Koni litt psychisch darunter und betrank sich immer öfter. Dass dadurch die Probleme nicht gelöst wurden, wollte nicht in seinen Kopf. Im Gegenteil, die Zerwürfnisse wurden noch größer.

Eine Aussprache mit Yvanka war nicht möglich,

da sie es in der Familie nicht gelernt hatte, sich mit Problemen zu beschäftigen. Bei ihr gab es nur Abwehr, die mit lauter Stimme zum Ausdruck gebracht wurde.

Vielleicht hätte ihnen ein

Bergsommertraum

geholfen. Koni wusste aber, dass man Bergsommerträume nicht bestellen konnte wie einen Artikel aus dem Quelle - Katalog. Es entwickelte sich zwischen den beiden eine Disharmonie mit wenig Zusammensein, gegenseitigen Vorwürfen, Schuldzuweisungen und Streitgesprächen, schon allein wegen der Geschichte mit den Kindern.

Und so gingen die Jahre und das Leben dahin. Das Zusammenleben mit Yvanka war für den Koni zeitweise unerträglich. Die Ehe der beiden war alles andere als glücklich.

Wenn der Koni nach Ansicht von Yvanka einen Fehler gemacht hatte, wurde er vom Schlafzimmer ausgesperrt und es gab keinen Sex, von Liebe und Zärtlichkeit erst gar nicht zu sprechen.

So fing Koni an, Yvanka untreu zu werden. Er trank des Öfteren viel Alkohol, vergnügte sich in der nächstgrößeren Stadt in dubiosen Nacht - und Tanzlokalen und kam meistens erst spät in der Nacht nach Hause. Meistens schlief er dann in der Stube auf dem Sofa. Natürlich war das ein

Teufelskreis. Jetzt gab es wieder Liebes- und Sexentzug.

Jeder ging seine eigenen Wege und suchte die Ursache für das, was sich immer abspielte, bei dem anderen. Die beiden merkten nicht mehr, dass ihre Ehe am Ende war. Vielleicht war auch die Zeit vor der Heirat zu kurz gewesen, um sich besser kennenzulernen. Die beiden hatten in ihrer jugendlichen Verliebtheit vor der Eheschließung nicht erkannt, dass für eine funktionierende Partnerschaft ein wenig mehr dazu gehörte, als sich nach einem Streit im Bett wieder zu versöhnen und glücklich zu sein. Keiner der beiden bemühte sich, etwas zu verändern, um wieder in die Spur zu kommen. Deshalb sank der Karren immer tiefer ein und ein "Steckenbleiben" war vorhersehbar.

Koni erkannte auch nicht, dass der übermäßige Alkoholkonsum seine Sorgen und Probleme nicht ertränkte, sondern immer wieder nach der Ernüchterung oben schwimmen ließ. Weggespült hat der Alkohol seine Sorgen nie. Im Gegenteil, die Zerwürfnisse der beiden wurden dadurch noch verstärkt. Sehr viel später musste er sich eingestehen, dass Yvanka und er vom innerlichen Wesen und den Charaktereigenschaften gar nicht so recht zusammenpassten, und viel zu schnell in diese Ehe wegen der Schwangerschaft von Yvanka gedrängt worden waren. Koni war sich bewusst, dass auch Yvanka manchmal diese Gedanken hatte. Doch sie sprachen nicht über dieses Thema. Sie konnten generell nicht über schwierige Themen reden, bei denen es um sie und ihre Partnerschaft ging. Aber wie vielen Millionen Menschen auf der Welt war es ihnen genauso ergangen: Wenn man verliebt ist, kann man nicht denken, oder besser gesagt, man ist nur eingeschränkt dazu fähig. Wenn die Menschen verliebt sind, machen sie große Fehler.

Das Erwachen und Denken kam bei Koni erst, als es zu spät war. Die Jahre und das Leben plätscherten so dahin, und es kam ganz anders als Koni es geplant hatte.

Ursprünglich wollte er nämlich beim Fürstangerhof eine große Werkstätte für seine Blockhausbau-Zimmerei errichten. Das waren seine Pläne, als das Verhältnis zwischen ihm und Yvanka noch von Liebe und Harmonie erfüllt war. Da erkannte er aber auch noch nicht, dass Yvanka mit völliger Ablehnung seinen Plänen gegenüber stand. Zu diesem Zeitpunkt war ihm auch nicht bewusst, dass er von ihr keinerlei Unterstützung zu erwarten hatte. Von dem Thema der Gründung eines Betriebes durfte er in ihrer Gegenwart am besten gar nicht sprechen. Es war wie ein rotes Tuch für sie. Obwohl er wusste, dass man für ein solches Vorhaben eine starke Frau brauchte, erwartete er nicht mehr, dass von Yvanka noch eine Umkehr ihres Denkens kam. Er war zunehmend angespannt, da er sich allein gelassen fühlte. Das wirkte sich wiederum auf die Beziehung zwischen den beiden aus. Es waren viele kleine Mosaiksteinchen, aus denen sich das Bild der Trennung zusammensetzte.

Koni setzte aber letztendlich seinen Willen durch und beschloss, sein Vorhaben allein durchzuziehen. Wobei ihn der Gedanke, ob es richtig war, lange Zeit beschäftigte. Er verflüchtigte sich erst, als sein Leben auf einem anderen Gleis in Fahrt kam.

Aufgrund all der sich geänderten Tatsachen und Verhältnisse blieb er in seiner angemieteten, notdürftig renovierten Baracke, gab sein Arbeitsverhältnis als Zimmerer auf und wagte sich in die Selbstständigkeit.

Ihm wurde in beiderseitigem Einvernehmen gekündigt, und Koni erhielt zudem noch neuntausend DM Abfindung, da bei der Firma ein Konkurs mit Auflösung des Geschäftsbetriebes anhängig war. Er konnte dieses Geld ohnehin gut für seine berufliche Selbstständigkeit gebrauchen.

Seit der Geburt von Ylenia waren nun sieben Jahre vergangen, und der Herrgott wollte den Eheleuten Parkins vielleicht ein Zeichen geben, denn allen Voraussetzungen zum Trotz war Yvanka wieder schwanger.

Damit hatte niemand mehr gerechnet. Yvanka hatte sich von einer Freundin ihrer Mutter immer wieder über Verhütungsmethoden beraten lassen. Sie hatte fest daran geglaubt, dass die Methode funktionierte. Trotzdem waren bei Yvanka eines Tages alle Anzeichen einer Schwangerschaft zu spüren und nach neun Monaten erblickte ein kleines, hübsches Mädchen das Licht der Welt.

Und wer war wieder der Schuldige an diesem von Gott gewollten freudigen Ereignis? Der Koni natürlich! Weil er sich nicht beherrschen konnte und seinen männlichen Trieben wieder erlegen war. So die Aussage von Yvanka. Sie hatte dabei vergessen, dass zum Kinder-auf-die-Welt-setzen immer zwei Menschen gebraucht werden. Und die Tatsache, dass einer der beiden eine Frau sein muss, lässt sich auch nicht verändern.

Die Monate der Schwangerschaft vergingen schnell. Der Koni wurde zunehmend unruhiger und angespannter, da er im tiefsten Hinterstübchen seines von Testosteron gesteuerten Kleinhirns sich mit dem Gedanken beschäftigte, ob ihm Yvanka vielleicht doch noch einen Sohn schenken wird.

Yvanka bestand darauf, dass bei dieser Geburt der Koni auf jeden Fall dabei sein sollte. Es war ihm dabei schon etwas mulmig, aber er war auch ein wenig neugierig, wie das so ablaufen würde bei einer Geburt. Als der Geburtstermin immer näher rückte, wurde er zunehmend nervöser. Doch in der Nacht, als die Wehen bei Yvanka einsetzten, startete er seinen schrottreifen VW Käfer und fuhr seine Frau in das nächstgelegene Kreisklinikum. Bei Ankunft in der Klinik wurde Yvanka gleich in den Kreißsaal geführt, weil das Baby es schon ein bisschen eilig hatte, das Licht der Welt zu erblicken. Der Koni musste erst mal in einem großen Raum warten.

Doch auf einmal verließ ihn der Mut und er wollte im letzten Augenblick noch flüchten. Dabei beobachtete ihn aber eine Krankenschwester. Sie packte ihn an den Armen und mit den Worten: „Ja da schau her, da bleibn, wo kemma denn da hi, wenn alle flüchtn tatn!", führte sie ihn regelrecht ab in den Kreißsaal. Koni kratzte allen Mut zusammen und ließ sich von der etwas rabiaten Geburtshelferin willenlos in den Geburtsraum bringen. Im Nachhinein war er darüber froh, dass er bei der Geburt eines seiner drei Mädchen dabei gewesen war. Er hatte sogar mit dem Baby Mitleid, weil die Geburtshelferin so robust mit dem erst ein paar Minuten alten Mädchen umging. Sie packte es an den kleinen Füßchen und ließ es mit dem Köpfchen nach unten hängen, weil es nicht gleich schreien wollte.

Durch diese für den Koni etwas brachiale Handlung und den Bemühungen der Geburtshelferin gab das Baby nun endlich herzergreifende Töne von sich. Das winzige kleine Geschöpf konnte schon in den ersten Minuten seines Lebens erfahren, wie rau, lieblos und brutal es auf dieser Welt sein kann, in der es nun angekommen war. Die Geburtshelferin wusste wahrscheinlich schon, was sie tat. Den Koni konnte diese Methode, einen Menschen so auf dieser Welt zu empfangen, nicht beeindrucken.

Aber jetzt, nachdem der kleine Winzling nicht mehr aufhörte, zu schreien, waren die Geburtshelferin und auch Yvanka zufrieden und erleichtert. Dieses kleine Wesen war ein Geschenk Gottes an diese Welt, auf der es gerade angekommen war. Koni liebte es von Anfang an, weil es so weich und samtig war. Ein Freund von Koni bezeichnete das Baby später, als es schon ungefähr drei Monate alt war, immer als die „Samatra", eben weil es so einen samtigen Gesichtsausdruck hatte.

Obwohl der Koni das Kind nicht selbst auf die Welt bringen musste, war er sichtlich erschöpft und suchte bald das Weite. Er fuhr auf schnellstem Weg nach Hause, genehmigte sich noch ein Bier, um seine Spannung abzubauen, und schlief dann um 3 Uhr morgens sitzend auf dem Sofa ein. Es war für ihn schon ein besonderes Erlebnis gewesen, bei einem der drei Töchter die Geburt mitzuerleben.

Aus dem Fürstangerhof war nun doch der"Dreidirndlhof" geworden. Die zu erwartenden Spötteleien waren für Koni nicht das Problem. Vielmehr trieb ihn der Gedanke um, dass er jetzt mit Yvanka drei Kinder hatte, und sie doch keine richtige Familie waren. Denn auch nach dem dritten Mädchen, es wurde "Nadea" getauft, war für ihn schon alles vorprogrammiert: Yvanka würde weiterhin zur Arbeit gehen und es würde sich an der "Mutter-Oma" Rolle beziehungsweise "Oma-Mutter" Rolle nichts ändern.

Wenn auch der Koni sich immer gewünscht hatte, dass ein Bub über den Hof rennt und nach dem Papa schreit: "Hast du mir meine Steinschleuder versteckt?", so zeigte er das nie nach außen hin. Denn er liebte seine Mädchen. Alle drei, davon war er fest überzeugt, hatten viel von ihm und seiner Wesensart.

Nach der Geburt von Nadea vergingen nun weitere sechs Jahre. Und so ging das Leben dahin, mit Freude, Streit, Glück, Trauer, Missgunst, Feindschaft und all den Problemen, die man mitbekommt, wenn man auf dieser Welt lebt.

Yvanka hatte ihre Arbeitsstelle gewechselt. Sie arbeitete nun in der Stadt bei einem größeren Gastronomiebetrieb in der Serviceabteilung. Dort verdiente sie mehr und konnte sich in einen höheren Rang hocharbeiten. Obwohl sie jetzt viel mehr leisten musste, hatte man den Eindruck, dass es ihr gut gefiel am neuen Arbeitsplatz. Ihr Gesprächsstoff bestand zu siebzig Prozent nur mehr aus dem Bereich ihrer Arbeitsstelle. Sie wurde sozusagen mit der Ideologie dieses Unternehmens infiziert. Der Koni wünschte sich im

Tiefsten seines Herzens, sie würde auch einmal von seinem, oder vielleicht sogar von „unserem" Betrieb sprechen. Aber dem war nicht so, es war ihm auch klar, dass es ein Traum bleiben würde, ein

Bergsommertraum

Was damals war, war es ein Traum?

Leise hör ich sie noch,
die Kapelle auf dem Gautrachtenfest,
die für uns zum Tanz aufspielte.

Ein bunter Luftballon
drehte sich auf der Tanzfläche
wie im Takt der Melodie.
Wir sahen uns nur an,
du nahmst meine Hand.

Und wie der Luftballon,
drehte sich unsere Welt,
schnell bis in den Tag.

War es ein Traum, was damals war?

Das Lied erklang nur für uns zwei,
Unsere schönen Jahre gingen wie ein Tanz,
so schnell vorbei.

War es ein Traum, was damals war?
Das Paradies war nah.

Verklungen das Spiel,
und das Glücksrad steht still.

Stumm die Kapelle, keine Melodie.
Ein bunter Luftballon tanzt einsam im Wind.

War es ein Traum, was damals war?
Ein Lied erklang nur für uns zwei.

Unsere schönen Jahre gingen wie ein Tanz,
so schnell vorbei.
War es ein Traum, was damals war?

Das Paradies war nah.
Alles was bleibt, ist das Gefühl,
das sagt,was damals war.

Ja, es war ein Traum,
ein
      „Bergsommertraum"

Yvanka war an ihrer Arbeitsstelle immer von jungen Menschen umgeben und lernte auch viele neue dabei kennen. Unter anderem war auch ein junger, attraktiver Mann aus dem Heimatland von Yvankas Vater in ihren Bekanntenkreis aufgenommen worden. Er musste es ihr besonders angetan haben, weil sie immer wieder von ihm erzählte. Der Koni war innerlich eifersüchtig, ließ es sich aber nicht anmerken. Nachdem sie ihn zusammen mit anderen Arbeitskollegen sogar einmal auf den Fürstangerhof mitgebracht hatte, ging die Eifersucht nicht mehr aus seinem Kopf und es ackerte ihn schon kräftig her. Der Gedanke: Dieser junge, attraktive Mann und Yvanka???!!! ließ ihn nicht mehr los.

Die Ehe der beiden wurde ab der Zeit, nachdem Yvanka die Arbeitsstelle gewechselt hatte, immer schwieriger und verstrickter. Das Zusammensein war für beide nur mehr eine Qual.

Eines Tages im August erklärte Yvanka dem Koni, dass sie zusammen mit ein paar Arbeitskollegen nach Rumänien zu einer Hochzeitsfeier reisen werde. Da war dem Koni noch nicht bekannt, auf welche Hochzeitsfeier die Belegschaft eingeladen war, für die eine Reise nach Rumänien notwendig war. Langsam sickerte aber durch, dass der Bruder des jungen attraktiven Arbeitskollegen von Yvanka heiratete und dieser zu der großen Feier nach Rumänien eingeladen hatte. Yvanka versuchte, diesen Zusammenhang etwas zu vertuschen und zu verharmlosen, weil sie mittlerweile gemerkt hatte, dass der Koni auf diesen "Schönling" eifersüchtig war.

Und es kam wie es kommen musste. Als Yvanka abgereist war, brannten dem Koni wegen der innerlichen Eifersuchtsgedanken die Sicherungen durch. Er fuhr abends weg in eine etwas weiter entferne Stadt. Um mit seinem Frust und seiner Eifersucht fertig zu werden, betrank er sich, tanzte und vergnügte sich mit Frauen. Erst früh morgens, als es hell wurde und er im Auto zwei Stunden geschlafen hatte, brach er nach Hause auf, in Richtung Fürstangerhof. Zu Hause angekommen überfielen ihn trotz der vergnüglichen Nacht die Eifersuchtsgedanken wieder heftig. In seinem halb nüchternen, halb betrunkenen Zustand riss er alle seine Kleidungsstücke aus den Schränken und lud sie in sein Auto.

Als er fertig war, ging er nochmal zurück in die Stube, setzte sich auf das Sofa und weinte haltlos und verzweifelt wie ein kleines Kind.

Er konnte keinen klaren Gedanken fassen und gleichzeitig war ihm bewusst, wie einsam er sich in diesem Augenblick fühlte. Im Haus war es totenstill. Wo waren die Kinder? Natürlich wusste er, dass sie bei der Oma behütet und umsorgt im Bett lagen und es ihnen gut ging. Das änderte aber nichts an seinem innerlichen Zustand.

All die Probleme, die sich in den letzten Monaten aufgestaut und gebündelt hatten, rasten jetzt wie in einem Karussell durch seinen noch vom Alkohol etwas betäubten Kopf.

Nach einer gewissen Zeit setzte er sich in das mit seinen Kleidungsstücken vollgepackte Auto und fuhr ziellos durch die Gegend. Es war ihm damals nicht bewusst, dass es die endgültige Trennung von seiner einst geliebten Yvanka bedeutete und dass er den Fürstangerhof in diesem Augenblick für immer verlassen hatte. Auf einmal merkte er, dass er sich wieder auf derselben Straße befand, auf der er im Morgengrauen halb betrunken heimgefahren war.

Plötzlich fiel ihm die blonde, sympathische Frau ein, die er bei seiner nächtlichen Vergnügungstour kennengelernt hatte.

Diese Frau hatte ihm nämlich erzählt, dass sie auf einem kleinen Hof zu Hause war und ihr Mann sie immer geschlagen und zum Sex mit anderen Männern gezwungen hatte. Wobei er dann zusehen wollte. Deshalb war sie vor wenigen Tagen vor ihm geflüchtet.

Das war für Koni durchaus verständlich. Der etwas unschöne Beigeschmack an der Geschichte lag daran, dass sie als Mutter ihre vier Kinder bei ihm zurückgelassen hatte. Die Antwort, warum sie die Kinder nicht mitgenommen hatte, blieb sie dem Koni an diesem Abend schuldig. Vielleicht war es eine ähnliche Kurzschlussreaktion wie bei ihm selbst gewesen.

Und sie hatte ihm auch erzählt, dass sie als achtzehnjähriges Mädchen auf den Hof gekommen war, als das kleine Sacherl noch einen Viehbestand von zwei Kühen, ein paar Schweinen und einem Ochsen zählte. Sie hatte in den letzten Jahren viel verändert und mit Fleiß, Mühsal und Entbehrung das "Thurnreitersacherl" zu einem stattlichen Hof mit jetzt siebzehn Kühen ausgebaut. Darauf war sie mächtig stolz, und jedes Mal, wenn sie von "ihren Kühen" erzählt hatte, waren ihr die Tränen gekommen.

Genau hier an dieser Stelle der Geschichte läuteten die Glocken in Konis Hinterkopf. Der Erfolgsdrang, den diese Frau in sich hatte, hatte ihm imponiert. Spontan beschloss er, dass er sie wiedersehen wollte. Er fuhr zurück in die Stadt. Die Frau arbeitete in einem Gastronomiebetrieb unweit des Tanzlokals, in dem er sie kennengelernt hatte. Er konnte sich auch noch an den Hintereingang des Betriebs erinnern, zu dem er sie in der Nacht beziehungsweise am frühen Morgen begleitet hatte.

In der Stadt angekommen verbrachte er noch ein wenig Zeit schlafend und dösend im Auto. So um die Mittagszeit ging er in das Lokal und fragte an der Schenke nach einer gewissen Rosi, die hier angestellt war. Eine freundliche, etwas ältere Dame, wahrscheinlich die Chefin des Hauses, gab ihm zur Antwort, dass die Rosi heute noch bis 14 Uhr frei hatte und wahrscheinlich noch schlafe.

Der Koni trieb sich deswegen noch ein wenig in der Stadt herum und suchte das Lokal um 14 Uhr wieder auf. Als Rosi ihn zur Tür hereinkommem sah, war sie sichtlich überrascht und freute sich sehr. Sie lud den Koni mit den Verzehrbons, die sie wöchentlich zum Lohn extra bekam, zum Essen ein. Viel konnten sie nicht miteinander sprechen, weil zahlreiche Gäste kamen und die Chefin hinter der Theke stand.

Aber sie verabredeten sich für den Abend am Hintereingang des Hotels, wo sie im dritten Stock ein Zimmer hatte. Nach einem kurzem Wortwechsel verabschiedeten sie sich, und sie sagte ihm beim Auseinandergehen noch ein paar Silben in ihrem Dialekt: „Kim fai , i gfrei mi af di!".

Koni war innerlich aufgewühlt von dem Treffen mit dieser blonden Frau. Es steckte ja noch ein ziemliches Durcheinander aus der letzten Nacht in seinen Knochen, mit viel Alkohol und wenig Schlaf. Es war Samstag, und es war ein schöner, heißer Sommertag. Kurzzeitig vergaß er, was eigentlich in den letzten vierundzwanzig Stunden geschehen war.

Um sich die Zeit zu vertreiben, suchte er einen Biergarten auf, den er schon von früher kannte und verbrachte den Rest des Tages mit Gedanken um seine Zukunft. Er spürte es, dass sich seine Lebens-Achterbahn verändern würde, er wollte nämlich in eine Schleife einbiegen, wo er glücklich und erfolgreich sein könnte. Diese Ziele hatte er schon lange vor seinen Augen. Und er dachte auch über die erst neu kennengelernte Frau nach. Welche schlimmen Geschichten mussten geschehen sein, dass eine Frau, eine Mutter ihre Kinder bei einem gewalttätigen Mann zurückließ? Diese Frage beschäftigte ihn schon sehr, er stellte sie aber vorerst mal zurück und dachte, Rosi würde ihm das schon noch erzählen.

Der Tag ging schnell vorüber und Koni konnte es kaum erwarten, mit Rosi wieder zusammen zu sein. Jedes Mal, wenn er daran dachte, wie eng und zärtlich sie sich in der Nacht bei jedem Tanz an ihn geschmiegt hatte, fing sein Herz an, schneller zu schlagen. Wie vereinbart, ging er um 19 Uhr zum Hintereingang des Hotels, wo Rosi schon mit großer Sehnsucht auf ihn wartete. In überschwänglicher Gier und Leidenschaft küssten sie sich schon während der Fahrt im Aufzug in den dritten Stock. Koni wartete beim Eintreten in das Zimmer darauf, dass Rosi etwas sagte. Aber Rosi blieb stumm. Er fühlte nur, wie ihre Augen mit einer großen Zärtlichkeit auf ihm ruhten, wie er es lange nicht mehr gefühlt hatte.

Sie rissen sich gegenseitig ihre Kleider vom Körper, ließen sich auf das Bett fallen und liebten sich begehrlich bis zur Erschöpfung. Für Koni war es wie ein Traum, ein

„ Bergsommertraum",

den er gerade in der Realität erleben durfte. Mit so einer Leidenschaft und Hingabe zu lieben und Sex zu haben, das hatte er bei Yvanka schon lange vermisst und doch hatte er diese Sehnsucht dauernd mit sich herumgetragen.

Erst später fingen die beiden frisch Verliebten an, sich gegenseitig ihre Lebensgeschichten zu erzählen. Dabei kam natürlich auch zur Sprache, dass der Koni bei seiner „Flucht" nichts mitgenommen hatte. Nur das, was er gerade ausgezogen hatte, sowie seine restlichen Kleidungsstücke, die im Auto lagen.

Wie sollte unter diesen Umständen ein Neuanfang gelingen?, fragte er sich.

Aber er gelang doch, wie sich später herausstellte.

Er übernachtete bei Rosi und am nächsten Tag, es war der Sonntag, den sie zusammen verbrachten, fuhren die beiden in seine Heimat zu seiner Betriebsstätte in der alten Baracke.

Rosi war von Koni begeistert. Sie war von seinem Tatendrang und den Plänen, die er ihr dargestellt hatte, völlig hingerissen. Es ging ihr das Herz auf, da sie einen fleißigen Mann kennengelernt hatte, nachdem sie jahrelang mit einem Faulpelz zusammen war, der sie nur ausgenutzt und nicht respektiert hatte.

Noch drei Wochen verbrachten die beiden in diesem Hotelzimmer. Rosi umsorgte Koni und brachte für ihn jeden Tag aus der Hotelküche etwas zu essen mit. Koni fuhr jeden Tag hinaus aufs Land, zu seiner Werkstätte und auf die Baustellen und arbeitete fleißig an seinen Aufträgen.

Dann wurde ihnen das kleine Zimmer allmählich zu eng und sie zogen in eine möblierte 2-Zimmer Wohnung unweit der Arbeitsstelle von Rosi. In diesen zwei Zimmern fingen die beiden ganz von unten an. Zum Inventar gehörten ein Schrank, ein Tisch, zwei Stühle und ein breites Bett. Eine Kochnische mit ein Meter Länge und eine Dusche waren der einzige Luxus der Wohnung. Obwohl sie in dieser anfänglichen Verliebtheit das Bett als das wichtigste Möbelstück schätzten. Da der Koni nicht das geringste Haushaltsinventar hatte, kaufte Rosi für ihn zusätzliches Geschirr, so dass er zusammen mit ihr die gelegentlich für ihn gekochten Speisen essen konnte.

Für Koni war es zwar nicht mehr der Bergsommertraum, den er damals als junger Mann mit Yvanka erleben durfte. Aber sie waren verliebt, mochten und verstanden sich gut, ja sogar sehr gut. Rosi zauberte mit ihrer Art wieder ein Lächeln auf seine Lippen in seinem verhärteten Gesicht. Sie verstanden sich auch im Bett sehr gut. Rosi gab ihm das, nach dem er sich seit langem gesehnt hatte. Sie waren glücklich und zufrieden, obwohl der Neuanfang schwer war. Beide hatten sie nach vorne orientierte Gedanken, Visionen und Träume,

vielleicht sogar

„Bergsommerträume"

Jeder Tag ist ein Tag voll Sonne und Glück,
Wenn du mich zärtlich küsst.

Doch wirkt die Welt so grau und die Sonne versinkt, wenn du nicht bei mir bist.

Drum lass die Sonne wieder scheinen,
lass die Wolken weiterziehen.

Lass die Tränen andere weinen,
und die Welt wird wieder schön.

Wenn ich fern bin,
so fern , irgendwo auf der Welt,
dann träum ich, träum ich
nur von dir.

Bist du heute auch allein,
einmal komm ich zurück,
glaube es mir.

Lass die Sonne wieder scheinen,
lass die Wolken weiter ziehen.

Lass die Tränen andere weinen
und die Welt wird wieder schön.

Rosi litt in dieser Zeit aber sehr unter Angstzuständen, denn ihr Mann lauerte ihr auf und verfolgte sie, wenn sie von der Arbeit zur Wohnung ging. Er hatte auch herausgefunden, wo sie wohnte und wollte zu ihr in die Wohnung. Sie machte aber nicht auf und drohte ihm mit der Polizei. Daraufhin hörte er auf, sie zu verfolgen.

Auch das Problem mit ihren Kindern, die sie zurückgelassen hatte, belastete Rosi sehr. Vor allem war sie mit ihren Gedanken oft bei den zwei jüngsten ihrer Kinder, zwei Mädchen, eine vierzehn und die jüngste elf Jahre alt. Täglich musste sie wegen der Sorgen um diese Mädels weinen. Sie erzählte dem Koni sogar, dass sie ihrem Mann sexuelle Übergriffe an den Mädels zutraue, und davor hatte sie große Angst.

Eines Tages an einem Sonntag im Oktober erfuhr sie bei einem Telefongespräch mit ihrer Schwester, die auch in ihrem Heimatort wohnte, ihr Mann wäre verreist und die Kinder wären allein zu Haus. Deswegen bat sie den Koni, ob er sie in ihren Heimatort fahren möchte. Sie wollte die Mädels schon lange mal besuchen, jedoch ihr gewalttätiger Mann ließ es nicht zu. Er hatte sie ausgesperrt.

Sie fuhren ungefähr eine Stunde in ein weites Tal hinein, wo einzelne weit verstreute Höfe standen. Da irgendwo stand an einer leichten Anhöhe der "Thurnreiterhof", den Rosi zu dem gemacht hatte, was er nun war: ein stattlicher, kleiner Bergbauernhof. Als sie sich dem Hof näherten, konnte man schon von weitem sehen, dass keine Frau mehr im Hause lebte. Die Blumenkästen am Balkon und an den Fenstern standen mit verwelkten, dürren Blütenstängeln und waren nicht abgeräumt worden.

Rosi ging zu Fuß auf der schmalen Straße bis zur Haustüre, wo die zwei Mädchen schon warteten. Ihre Schwester hatte den Kindern Bescheid gesagt. Der Koni beobachtete das Ganze von der

Hauptstraße aus. Sie verschwand mit den Mädchen im Haus. Doch nach einer Weile geschah etwas Unvorhersehbares. Ihr Mann hatte es irgendwie mitbekommen, das Rosi heute zu den Kindern zu Besuch kommen würde und ging mit lautem Gebrüll und Drohgebärden auf sie los. Er wollte sie schlagen, doch sie konnte ihm entwischen. Wie gehetzt lief sie die Straße entlang zu einem Nachbarhaus, wo eine Freundin von ihr wohnte. Er fuhr ihr mit dem Auto nach und es sah aus, als wollte er sie überfahren. Gerade schaffte sie es noch, zur Seite in den Straßengraben zu springen und dem Unglück zu entkommen. Lediglich am Schienbein zog sie sich eine kleine Verletzung zu, da er sie mit der Stoßstange noch gestreift hatte.

Die Freundin hatte inzwischen die Polizei verständigt und sie kümmerte sich um die schockierte und völlig aufgelöste Rosi. Die Polizei kam auch später und Rosi musste alles zu Protokoll gegeben. Ob ihr Mann bestraft worden war, hat sie nicht erfahren.

Drei Monate blieben die beiden noch in der Stadt und in dieser Wohnung, dann trieb es sie doch wieder aufs Land zurück, wo sie ja ihre Wurzeln hatten. Sie zogen in ein kleines Dorf, unweit zur Werkstatt von Koni. Rosi fuhr noch eine Zeit lang mit dem Bus jeden Tag zu ihrer Arbeitsstelle, dem Hotel. Es zeichnete sich ab, dass Koni auf Grund von Mundwerbung immer mehr Aufträge an Land ziehen konnte. Von nah und fern kamen die Anfragen für seine schönen Blockhäuser, die er aus in Mondphasen geschlagenem Lärchenholz baute. Seine außergewöhnlichen Holzblockgebäude im Pongauer Stil gefielen immer mehr Menschen und bald war er in der Gegend bekannt. Die filigranen Innenausstattungen, die er bis ins kleinste Detail nach alpenländischer Tradition ausführte, machten ihn zur Koryphäe auf diesem Fachgebiet. Das meisterliche Können, das er von seinem Großvater geerbt hatte, ermöglichten dies.

Sie beschlossen, dass Rosi von nun an in Konis Betrieb arbeiten sollte. Die Büroarbeit wurde immer mehr und Rosi war auch handwerklich sehr begabt.

Die beiden verstanden sich gut und ergänzten sich auch in den betrieblichen Belangen. Sie fuhren zusammen auf Messen und trafen sich mit Geschäftsfreunden. Und es kehrte ein wenig Luxus ein in das Leben von Koni und Rosi. Um sich zu erholen, buchte Rosi einen Urlaub nach Mallorca bei ihrem ehemaligen Schwager, der ein Reisebüro hatte. Für Koni war das eine große Genugtuung, denn es zeigte sich, dass der Neuanfang mit Rosi Realität geworden war. Rosi war eine Powerfrau. Sie waren Tag und Nacht zusammen und bei den meisten Gesprächen ging es um den Betrieb. Genauso hatte der Koni es sich damals mit Yvanka vorgestellt.

Die nächsten paar Jahre verliefen erfolgreich und glücklich und allmählich stellte sich heraus, dass die alte Baracke zu klein wurde für die weitere Expansion des Betriebes. Mittlerweile war die Firma gewachsen und zählte mit Teilzeitkräften, Rosi und Koni siebzehn Arbeitskräfte.

Und Koni hatte eine Vision. Er wollte nämlich in eine Abbundanlage investieren und für andere Zimmereien den vollautomatischen Abbund übernehmen. Er wollte den sogenannten "Tiroler Schlossverband" vollautomatisieren. Dazu brauchte er aber eine große Werkstatt. Deswegen reichte er bei der Gemeindeverwaltung eine Baugenehmigung ein und ging zur Bank wegen eines Kreditantrages. Wobei er bei der ersten Bank gleich eine Niederlage einstecken musste. Der Kredit wurde ihm verweigert - das dargestellte Konzept war ihnen zu risikoreich. Bei einer zweiten Bank, die er noch am selben Tag konsultierte, bekam er den gewünschten Kredit.

Um die beengten Platzverhältnisse in der alten Baracke etwas zu lockern, mieteten sie bis zur Fertigstellung des Neubaus noch einen alten Bauernstadel an. Bei der Baugenehmigung gab es zunächst noch Probleme wegen des Lärmschutzes. Nach Beseitigung dieser Hürden durch Beauftragung eines Gutachters wurde zügig begonnen. Der Neubau ging schnell voran und bald wurde ein Richtfest gefeiert. Den Dachstuhl der sechshundert Quadratmeter großen Werkhalle baute ein ortsansässiger Zimmereibetrieb, mit dessen Besitzer sich der Koni privat auch gut verstand. Der Richtspruch wurde vom Zimmerermeister in gewohnter Manier vorgetragen:

Durch ihren Ruf im weiten Land
die Firma hier ist wohlbekannt,
die bald in stolzer Festesfreude
bezieht dies stattliche Gebäude.

Der Weg war lang, der Weg war schwer,
Mal war die Kasse voll, mal leer.
Dass zäher Fleiß und Zuversicht
und die Erfüllung seiner Pflicht
die Schwierigkeiten meistern kann,
wenn an der Spitze steht ein Mann,
an Wagemut und Tatkraft stark
und treu der Sache bis ins Mark.

Mit unvergleichlichem Geschick,
natürlich auch mit etwas Glück,
ist hier ein Werk geschaffen worden,
Wie´s man nicht findet allerorten.

So ist nun auch dies Haus gebaut,
Dass jeder seine Lust dran schaut,
Bald wird hier reges Leben sein.
Die Kundschaft gehet aus und ein.
Und in die Halle wird gebracht,
dass uns das Herz im Leibe lacht,

die Ware, die ein jeder mag,
zu reicher Auswahl Tag für Tag.

Nun höret noch an diesem Ort
Nach altem Brauch ein Segenswort!

Zuerst der Chef sei jetzt genannt,
für den das Bauwerk hier entstand.
Wir fühlen uns mit ihm verbunden,
in guten und in schlechten Stunden.
Ihn schütz' der Herrgott jederzeit
vor Ungemach und herbem Leid!

Dem Architekten gilt ein Lob sodann,
der zu dem Bau gemacht den Plan.
Er hat mit Kunst und mit Bedacht
ein schönes Werk zustand gebracht,

Dann sei das Handwerk auch genannt,
das hier mit Fleiß und mit Verstand,
mit Umsicht in so vielen Dingen
sein Bestes gab zu dem Gelingen.

So weih ich jetzt das Bauwerk ein
mit diesem vollen Glase Wein:
Der Herrgott möge es bewahren
vor Feuers- und vor Kriegsgefahren!
Die Firma, sie soll leben,
drauf trinke ich den Saft der Reben.
Dem Chef entbieten wir jetzt noch
ein dreifach kräftig: Hoch! Hoch! Hoch!

Dazu sei erwähnt, dass nach alter Tradition nach dem Ende des Verses ein Glas hinunter zu den anwesenden Gästen geworfen wurde. Man hätte es als schlechtes Omen deuten können, dass das Glas nicht zerbrach, sondern es wurde von einem Freund von Koni, der den Brauch kannte, im Kiesbett mit den Füßen zertreten.

Der Koni hatte es in der Planungsphase der Werkstätte schon ins Auge gefasst, auf dem Firmengelände auch ein Wohnhaus im Blockhausstil zu errichten, als Repräsentationsgebäude sozusagen. Er hatte auf einer Geschäftsreise in Österreich ein solches Haus gesehen, und er fand auch einen österreichischen Architekten, der die Pläne genau nach diesem Vorbild entwarf. Auch dieses Vorhaben konnten Koni und Rosi in die Tat umsetzen und schon nach einem Jahr zogen sie in das neue Haus ein. Wenn sie jetzt auch hohe Schulden hatten, die beiden sahen optimistisch in die Zukunft und sie glaubten fest daran, dass sie es gemeinsam schaffen würden.

Die ersten Jahre liefen erfolgreich in der neu bezogenen Werkhalle. Die Auftragsbücher waren gut gefüllt. Jedoch wurde im Laufe der Zeit die Abhängigkeit von einer Tiroler Holzbaugesellschaft sehr groß. Koni hatte anfänglich gute Verträge, jedoch wurden die Preise immer mehr nach unten diktiert, zudem bereitete auch noch die

Beschaffung des Rohmaterials in der geforderten Qualität große Schwierigkeiten und er konnte zum kalkulierten Preis nicht kaufen.

Der Druck erhöhte sich ständig, weil die errechnete Umsatzhöhe nicht erreicht wurde. Koni wurde immer öfter zu Bankgesprächen eingeladen, da nach Ansicht der Bank die Umsatzrendite nicht mehr erwirtschaftet wurde.
Durch diese zunehmenden Probleme in der Firma geriet die Partnerschaft von Koni und Rosi ins Wanken. Die Diskussionen um die finanziellen Belange der Firma wurden heftiger. Die Belastung wurde immer größer, bis der Koni auf einmal merkte, dass Rosi heimlich trank und sie ohne Alkohol die Arbeit nicht mehr schaffte.

Etwas später kam noch dazu, dass die beiden bei der Rückfahrt aus Bergamo in einen Geisterfahrer-Unfall verwickelt wurden. Eine Frau aus Bulgarien hatte auf der Autobahn gewendet und war einer Familie mit einem elfjährigen Kind frontal aufgefahren. Das Mädchen war noch an der Unfallstelle gestorben. Die Bulgarin wurde später zu zwei Jahren Gefängnis ohne Bewährung wegen fahrlässiger Tötung im Straßenverkehr verurteilt.
Als Koni und Rosi mit ihrem Auto in das Blechknäuel fuhren, war das Mädchen schon tot und die beiden hatten ihr eigenes Leben dem schweren Wagen zu verdanken.

Doch Rosi konnte das Ganze nicht verarbeiten und sie trank immer mehr Alkohol. Auch die ständigen Sorgen um ihre zurückgelassenen Kinder und die zunehmenden Selbstvorwürfe versuchte sie im Alkohol zu ertränken.

Bis es zu einem Suizidversuch kam, dauerte es nur noch ein paar Wochen. Rosi ließ den Koni nicht mehr zu sich ins Schlafzimmer und wollte sich mit einem zerbrochenen Glas die Pulsadern aufschneiden. Daraufhin verständigte der Koni den Hausarzt. Er kam und ließ Rosi wegen Suizidgefährdung in eine geschlossene Anstalt einweisen.

Koni wurde verdächtigt, ihr gegenüber gewalttätig gewesen zu sein. Das traf ihn sehr, er als herzensguter Mann, der nie einer Frau etwas zuleide getan hatte, wurde verdächtigt.

Er wollte sie nach etwa einer Woche in der Psychiatrie besuchen, man ließ ihn aber nicht zu ihr. Erst nach zwei weiteren Wochen durfte er sie besuchen.

Bei dem Gespräch mit Rosi musste Koni jedoch eine starke Wesensveränderung feststellen, bedingt durch die Einnahme von starken Psychopharmaka. Sie wollte nicht mehr zurück zu ihm und zu seinem Betrieb.

Rosi verbrachte noch einige Zeit in der Nervenklinik. Bei ihrem Entzug lernte sie einen Mann kennen, mit dem sie sich nach der Entlassung eine Wohnung nahm. Koni aber stand vor einem Scherbenhaufen.

Was wie ein Bergsommertraum, wie ein Märchen begonnen hatte, fand nun sein Ende in einem Bergsommer-Alptraum.

Fünf Jahre hielt Koni noch durch und rackerte sich ab bis zum Umfallen. Der ständige Druck durch die Bank bereitete ihm viele schlaflose Nächte.

Schließlich musste er sich eingestehen, dass er es einfach nicht mehr schaffte. Er musste Konkurs anmelden. Der Alptraum fand sein Ende, nachdem das ganze Betriebsvermögen, sowie das Blockhaus im Gesamtwert von ca. 1,7 Millionen Euro versteigert wurden.

Schon vor Jahren hatte er auf einem Messestand in Meran bei einer Messe für Holzbearbeitungsmaschinen eine blutjunge Schönheit kennengelernt. Das Mädchen erinnerte den Koni so sehr an Yvanka, denn sie hatte auch so kohlrabenschwarze Haare. Sie hieß Xenia und stammte aus einer Zigeunerfamilie. Es war wie ein Abenteuer, diese geheime Fernbeziehung, eine Liebelei, ein erotisches Zuckerl, das sich der Koni als Unternehmer gönnte. Für einen Neuanfang hätte es niemals gereicht. Er traf Xenia jedes Mal, wenn er nach Meran zur Industriemesse fuhr. Sie erlebten dann ein paar schöne Stunden zusammen.

Aber eines Tages kam er nach längerer Zeit wieder einmal zur Messe nach Meran. Dort sah er Xenia ganz zufällig in der Fußgängerzone der Altstadt mit einem kleinen Jungen an der Hand spazieren gehen. Er fasste all seinen Mut zusammen, sprach sie an und fragte sie: „Ist das dein Sohn?" Sie antwortete spontan: „Ja, aber auch deiner!" So kam das große Geheimnis an den Tag. Koni hatte einen Sohn! Trotz der offensichtlichen Zigeunergene, die der Junge zwangsläufig von seiner Mutter auf diese Welt mitbekommen hatte, hätte der Koni die Vaterschaft nicht leugnen können, so prägnant waren die Gesichtszüge des Jungen.

Nun galt es für Koni, die Tatsache zu akzeptieren und zu realisieren: Er hatte einen Sohn von einer Zigeunerin. Sie hatte es bis jetzt vor ihm geheim gehalten.

Bei der Geburt hatte sie angegeben, Vater unbekannt, weil sie Angst hatte, wegen ihrer Herkunft und von ihrer Zunft verachtet zu werden. Sie hatte den Kontakt zu Koni irgendwann plötzlich, und ohne konkreten Grund abgebrochen. Jetzt wusste er, was der Grund gewesen war. Koni fühlte erstmal eine überschwängliche Freude und eine innere Glückseligkeit. Er wusste nicht so recht, wie ihm geschah. Sein Gesicht strahlte, als er seinen Sohn in die Arme nahm. Die Tatsache, dass die Mutter aus einer Zigeunerfamilie stammte, störte ihn in diesem Augenblick nicht. Er war einfach nur glücklich, und es erfüllte sich der Traum von einem Sohn, den er sich vor vielen Jahren bei seinem Bergsommertraum gewünscht hatte. Nun war der Wunsch in Erfüllung gegangen.

Es war   "Parkins Sohn"

Xenia hatte dem Jungen den Namen "Benito", der Gesegnete, gegeben. Sie hatte in der Zwischenzeit auch geheiratet und lebte mit ihrem Mann, der aus ihrer Sippe stammte, einem Italiener, sesshaft in Meran. Dort, wo das Liebes- abenteuer des Bergbauern Koni Parkins begonnen und sie mit ihm einen Sohn gezeugt hatte.

Und so hatten sich die Gene aus dem Böhmischen, die im sechzehnten Jahrhundert in die   Berge eingewandert waren, mit dem Zigeunerblut aus Italien vermischt.

Man weiß nicht genau, ob der junge Parkins später einmal in die Heimat seines Vaters gekommen ist. Und ob er sich in den Bergen um ein Mädel umgesehen hat, mit kohlschwarzen Haaren, so wie seine Oma sie hatte , um seinen

„Bergsommertraum" zu erleben.

Quellennachweise

Seite 6: aus dem Lied
„Spiel noch einmal für mich Habanero"
von Catherina Valente

Seite 42/43: aus dem Lied
„La paloma" von Hans Albers

Seite 68/69: aus dem Lied
„Lass die Sonne wieder scheinen"
von Ronny

Coverbild: von „alandsmann"
über Pixabay